Richard Hennig
Alfred Nobel

SEVERUS Verlag

Hennig, Richard: Alfred Nobel. 2014
Neuauflage der Ausgabe von 1912
ISBN: 978-3-86347-738-7

Umschlaggestaltung: SEVERUS Verlag

Bibliografische Information der Deutschen Nationalbibliothek: Die Deutsche Nationalbibliothek verzeichnet diese Publikation in der Deutschen Nationalbibliografie; detaillierte bibliografische Daten sind im Internet über https://dnb.de abrufbar.

Der SEVERUS Verlag ist ein Imprint der Bedey & Thoms Media GmbH, Hermannstal 119k, 22119 Hamburg

---

SEVERUS Verlag, 2014
http://www.severus-verlag.de
Gedruckt in Deutschland
Der SEVERUS Verlag übernimmt keine juristische Verantwortung oder irgendeine Haftung für evtl. fehlerhafte Angaben und deren Folgen.

Richard Hennig

Alfred Nobel

MIX
Papier aus verantwortungsvollen Quellen
Paper from responsible sources
FSC® C105338

Inhalt

Einleitung 7

1. Nobels Abstammung 10

2. Nobels Jugend (1833-1854) 15

3. Nobels Mannesjahre bis zur Rückkehr nach Stockholm (1854-1859) 18

4. Die Erfindung des Sprengöls und die Explosion der Fabrik (1864) 22

5. Die Erfindung des Dynamits (1866) 26

6. Bis zur Übersiedelung nach Paris (1873) 36

7. Die Bekanntschaft mit Berta v. Suttner 43

8. Die Erfindung des Spranggummis (1875) 53

9. Neue Erfindungen bis zur Patentierung des Ballistits (1888) 57

10. Übersiedelung von Paris nach San Remo (1891) 66

11. Nobels politisches, soziales und wissenschaftliches Glaubensbekenntnis 70

12. Nobel in seinen Briefen 79

13. Der Korditprozeß (1894) 83

14. Nobel, der Friedensfreund 85

15. Letzte Lebensjahre und Tod 92

16. Das Testament 97

Einleitung

Alljährlich, wenn am 10. Dezember die Kunde in die Welt geht, an welche Koryphäen der Wissenschaft, Dichtkunst und Friedenspropaganda die „Nobelpreise" des betreffenden Jahres gefallen sind, wird die Menschheit aller Kulturländer durch ihre Tageszeitungen an den großen schwedischen Ingenieur und sein hochherziges Testament erinnert, jenes Testament, von dem man sagen darf, es sei das großartigste, bedeutungsvollste und folgenreichste gewesen, das jemals in allen Zeiten ein Privatmann verfaßt hat.

Dennoch geht zumeist, wenigstens bei uns in Deutschland, die Kenntnis von Alfred Nobel und seinem Lebenswerk kaum darüber hinaus, daß Nobel eben sein ungeheures Vermögen zur alljährlichen Krönung besonders verdienstvoller Männer bestimmt habe; wenn es hoch kommt, weiß der Durchschnittsgebildete wohl noch, daß Nobel der Erfinder des Dynamits, vielleicht gar, daß er ein großer, ein sehr großer Chemiker war. Weiter aber geht das Wissen der meisten kaum.

Der geniale Gelehrte, Ingenieur und Erfinder Nobel, der bescheidene, stille, gute Mensch und Idealist Nobel ist nur wenigen bekannt. Den Kundigen wundert diese Tatsache kaum, denn: „Der Name der Männer, die für die Technik Großes leisten, hat keine Flügel", las ich einmal irgendwo. Auf unseren Schulen und aus zahllosen „belehrenden" Kinderbüchern, die unserer Jugend als geistige Kost vorgesetzt wurden, erfuhren wir zwar von dem Lebenslauf ungezählter Fürsten, Herrscher und Feldherren, allenfalls auch noch Dichter, aber die Biographien der Männer des wissenschaftlichen Fortschritts finden nur spärliche Berücksichtigung. Ganz besonders die großen Männer der Technik, soweit sie sich nicht dazu verstehen können, auf die berüchtigte „amerikanische" Art für sich unausgesetzt Reklame zu machen, werden in der großen Mehrzahl der Fälle von dem Schicksal verfolgt, daß man über ihrem bedeutenden Lebenswerk den Urheber vergißt, oder daß man von ihm doch mindestens erheblich weniger weiß als von den bleibenden Taten.

Alfred Nobel nun war eine Persönlichkeit, für die das Gesagte in doppeltem Maße zutrifft. Er lebte nur seinen Erfindungen, seinen wissenschaftlichen Experimenten, seinen philanthropischen Neigungen und drängte nirgends sein Ich im mindesten vor. Im Gegenteil, er schreckte zurück vor der Berührung mit der großen Welt, er war für äußerliche Ehren und Auszeichnungen aller Art, soweit sie nicht dem Gelehrten von anderen wissenschaftlichen Koryphäen in aufrichtiger Bewunderung erwiesen wurden, so unempfänglich wie nur möglich. Er führte still und zurückgezogen ein unendlich arbeitsreiches Forscherleben und beschränkte seinen persönlichen Verkehr mit anderen Personen auf den denkbar kleinsten Kreis. Ohne ins pathologische Extrem des Menschenfeindes und einsiedlerischen Sonderlings zu verfallen, schenkte er doch sein Herz und sein Vertrauen im späteren Alter nur einer ganz geringen Anzahl von auserwählten Menschen und lebte im übrigen still für sich dahin, wenig berührt vom Lärm des Alltagslebens und vom Kampfplatz der Öffentlichkeit, von keinen Familienfreuden und -sorgen in Anspruch genommen, niemandem verpflichtet, ein Kosmopolit im besten Sinne des Wortes, nicht nur in seinem oftmals wechselnden Aufenthaltsort, nicht nur in seinem bewundernswerten

Sprachtalent, das ihm gestattete, sich in jedem Kulturland heimisch zu fühlen, sondern ein Kosmopolit auch in seiner Weltanschauung, in seinem ganzen philosophischen und politischen Denken und Trachten.

So kommt es, daß wir über Alfred Nobel verhältnismäßig wenig persönliche Schilderungen besitzen. Während die Person anderer großer Gelehrter nach ihrem Tode meist durch Mitteilungen aus dem Familienkreise oder durch pietätvolle Erinnerungen treuer Freunde der Nachwelt menschlich nahe gebracht wird, soweit sie dem Verstorbenen ein menschliches Interesse entgegenbringt, versiegen diese Quellen bei Alfred Nobel nahezu ganz. Ja, wir würden der persönlichen Note, die uns das Verständnis des großen Mannes und seines edlen Charakters nahe bringt, so gut wie vollständig entbehren, wenn er nicht in den menschlich bedeutungsvollsten letzten Jahren seines Lebens sich einer von ihm hochverehrten, ihm geistig verwandten Seele rückhaltlos in seinem innersten Wesen offenbart hätte, der Baronin Berta v. Suttner, der bekannten, trefflichen Schriftstellerin und Friedensprophetin, die auf Nobels Fühlen und Handeln den größten Einfluß ausübte und die uns in ihren „Memoiren" (Stuttgart und Leipzig 1909) aus persönlichen Erinnerungen heraus ein ungemein fesselndes Bild des Menschen Nobel gezeichnet hat, wie wir es ohne ihre pietätvolle Schilderung schwerlich jemals geschaut haben würden. Ihre Mitteilungen sind es erst gewesen, die uns gestatteten, einen Einblick zu tun in die sich wunderbar aufbauende Gedankenwelt des Mannes, in die komplizierten geistigen Prozesse, deren Quintessenz und knapper Ausdruck jenes merkwürdige Testament ist, einer der schönsten und eigenartigsten Marksteine in der Kulturgeschichte des 19. Jahrhunderts.

Bemühen nun auch wir uns, das Wesen dieses seltenen Mannes, so gut es geht, zu begreifen und nachzuempfinden, indem wir uns seine Persönlichkeit, soweit es möglich ist, Stück für Stück in ihrer Entstehung vor uns aufbauen und in ihrem Werdegange verfolgen! Wir werden sehen, daß wir gerade der Biographie Alfred Nobels in den Lebensbeschreibungen großer Männer, wie sie seit Plutarchs Zeiten als pädagogisches Erziehungsmittel ersten Ranges angesehen werden, in ihrem Wert als Ansporn zur Nacheiferung einen hervorragenden Platz anweisen können.

1. Nobels Abstammung

Nobels Vorfahren lassen sich in Schweden bis ins 17. Jahrhundert zurückverfolgen. Ob die Familie von jeher in Schweden ansässig war, oder ob sie, wie man gelegentlich vermutet hat, ursprünglich aus England stammte und erst später in Skandinavien eingewandert ist, muß dahingestellt bleiben. Der Name begegnet uns zuerst am Ende des 17. Jahrhunderts in latinisierter Form, wie sie in Schweden früher und vielfach auch heute noch vorkommt, nämlich als Nobelius oder Nobilius. Man hat den Namen von der Ortsbezeichnung Nöbbelöf abzuleiten und hat demnach den Ursprung des Geschlechtes aller Wahrscheinlichkeit nach in der Landschaft Schonen zu suchen. Schon die ersten Träger des Namens Nobilius, die uns entgegentreten, waren in gelehrten Berufen tätig. Der eine war ein Sekretär des verdienten, durch seinen tragischen Tod berühmt gewordenen Freiherrn von Görtz, des obersten Ministers Karls XII., der andere war um 1700 herum ein Landrichter in Uppland. Dieser letztere, Peter Nobilius mit Namen, geboren 1660 in Nöbbelöf, gestorben 1707 in Uppsala, war der Stammvater Alfred Nobels. Er war der Schwiegersohn eines der bedeutendsten schwedischen Gelehrten, des noch heute geschätzten Verfassers der „Atlantica" Olof Rudbeck (1630-1702), eines hochgelehrten Polyhistors und trefflichen Naturwissenschaftlers, der als Universitätsprofessor in Uppsala wirkte und dessen Tochter Wendela die Ururgroßmutter Alfred Nobels wurde. Der Ehe des Peter Nobilius mit Wendela Rudbeck entsproß 1706 ein Sohn, der nach dem Großvater den Namen Olof erhielt und der erst als Porträtmaler in Stockholm, später als Zeichenlehrer an der Universität seiner Vaterstadt Uppsala wirkte. Olof Nobilius starb 1760 in Uppsala und hinterließ mehrere Kinder, von denen der jüngste, 1757 in Uppsala geborene Sohn den Namen Emanuel führte. Auch dieser wendete sich einem gelehrten Beruf zu, denn er studierte Medizin und wurde Stadtarzt in Gefle, wo er 1834 hochbetagt starb. Im schwedisch-russischen Feldzug von 1808/09, der für Schweden mit dem schmerzlichen Verlust Finnlands endete, zog Emanuel Nobilius als Chirurg mit ins Feld. Bei dieser Gelegenheit verwandelte er seinen Namen in Nobel, weil die „gelehrte" Wortendung us und ius, die in den schwedischen und finnischen Namen bis dahin vielverbreitet war und zum Teil noch heute verbreitet ist, damals als zu „theologisch" empfunden und demgemäß von zahlreichen Personen abgelegt wurde.

Emanuel Nobel, der Vater Alfred Nobels.
Geb. 1801, gest. 1872.
Zeichnung von W. Plant.

Schon am 24. Mai 1801 war dem nunmehrigen Emanuel Nobel in Gefle aus seiner mit Anna Katharina Rosell, einer uppländischen Schifferstochter, geschlossenen Ehe ein Sohn geboren worden, der den Namen des Vaters, Emanuel, erhielt. Dieser jüngere Emanuel Nobel wurde späterhin der Vater Alfred Nobels. Gleich den meisten seiner Vorfahren wendete sich auch der jüngere Emanuel Nobel einem gelehrten Berufe zu, jedoch mit einer entscheidenden Wandlung des Interessengebiets, die auch für Alfred Nobels späteres Leben und Wirken ausschlaggebend wurde: er widmete sich nämlich den technischen Wissenschaften und zwar mit besonderer Vorliebe gerade dem technischen Zweiggebiet, auf dem sein Sohn einst unsterbliche Lorbeeren pflücken sollte: der Herstellung von Sprengstoffen. Die Vorliebe für künstliche Entzündung von brennbaren Stoffen vermittelt technischer Kunstgriffe äußerte sich jedenfalls schon im sechsjährigen Knaben Emanuel, als er eines Tages den Inhalt der Tabakspfeife seines Vaters mit Hilfe eines aus einem Eisstück geformten Brennglases in Brand setzte. Gleich so vielen anderen technisch hochbegabten Jungen wußte auch der kleine Nobel auf dem Gymnasium der philologischen Gelehrsamkeit und insbesondere der damals noch ungleich mehr als heute „gepaukten" lateinischen Sprache nicht den mindesten Geschmack abzugewinnen. Seine ganze Freude, sein ganzes Interesse gehörten vielmehr technischen Dingen und ganz besonders, nach rechter germanischer Jungenart, dem Schiffbau. Seine Vorliebe für das Seewesen war so groß, daß er es im Alter von erst 14 Jahren bei seinem Vater durchzusetzen wußte, ihn auf eine große Seereise zu schicken. Diese Reife führte ihn bis nach Ägypten, und hier trat das blutjunge, tapfere Bürschchen in die Dienste des großen Statthalters von Ägypten, Muhammed Ali, des späteren Siegers von Nisib, eines der bedeutendsten, orientalischen Herrschers neuerer Zeit. Emanuel Nobel verdingte sich dem Statthalter als Architekt und wußte sich in seiner Stellung so gut zu behaupten, daß er mehrere Jahre in Ägypten blieb. Erst 1819 kehrte er in sein Vaterland zurück. Bei einem Besuch, den der damalige Schwedenkönig Karl XIV., der vormalige Marschall Bernadotte, in Nobels Vaterstadt Gefle abstattete, baute der junge, eben aus Ägypten gekommene Architekt einen Triumphbogen zum Empfang des Monarchen. Diese Leistung des 18-jährigen, unstudierten Jünglings erregte die Aufmerksamkeit zweier Architekten von Fach, der Professoren Fredrik Blom und Krafft, in dem Maße, daß ihre Fürsprache es ihm ermöglichte, an der Stockholmer Akademie der schönen Künste Architektur zu studieren. Nachdem er einige Jahre fleißig diesen Studien obgelegen hatte, nahm ihn sein Protektor Prof. Blom als Mitarbeiter auf und ließ durch den jungen Baumeister viele Gebäude in den verschiedensten Teilen Schwedens und Norwegens aufführen. Auch in dieser Hinsicht bewährte er sich vortrefflich, und als im Jahre 1827, unter Nobels tätiger Mitwirkung, in Stockholm das Technische Institut, der Vorgänger der heutigen Technischen Hochschule, gestiftet wurde, wurde der erst 26-jährige Architekt dort als Hilfsprofessor für beschreibende Geometrie und Konstruktionslehre angestellt. Während der Jahre seiner Stockholmer Lehrtätigkeit machte er eine Reihe bedeutsamer technischer Erfindungen und beschäftigte sich zunächst hauptsächlich mit der Gummiherstellung, die ebenfalls später durch seinen großen Sohn gepflegt werden sollte. Auch in verschiedenen anderen technischen Zweigen bestätigten sich seine Neigung und sein Erfindertalent. Mit größter Vorliebe aber pflegte er die Herstellung von Sprengstoffen und faßte für diese gefährliche Beschäftigung ein so leidenschaftliches Interesse, daß er ihretwegen schließlich Beruf und Vaterland verließ, um ihr nach Gefallen leben zu können. Die äußere Veranlassung gab eine Explosionskatastrophe im Nobelschen Laboratorium, bei der alle Fenster der umliegenden Nachbarhäuser in Trümmer gingen. Begreiflicherweise konnten sich die Bewohner dieser Häuser mit den Nobelschen Experimenten und ihrer ferneren Fortsetzung durchaus nicht befreunden. Deshalb folgte Prof. Emanuel Nobel im Jahre 1837 einem ihm aus Petersburg zugegangenen Rufe des russischen Staatsrats Baron von Haartman und siedelte nach der Hauptstadt des Zarenreiches über, während seine Familie und mit ihr sein damals dreijähriger Sohn Alfred in Stockholm zurückblieb, um erst fünf Jahre später dem Vater nach Petersburg zu folgen.

Emanuel Nobel hatte nämlich 1828 ein junges Mädchen, Karoline Andrietta Ahlsell (geb. 1803), geheiratet,[1] die ihm während der Stockholmer Zeit drei Söhne schenkte, Robert Hjalmar (geb. 4. August 1829), Ludwig Emanuel (geb. 27. Juli 1831) und Alfred Bernhard (geb. 21. Oktober 1833), zu denen später, nach der Übersiedlung nach Petersburg, noch ein viertes Kind, ebenfalls ein Knabe, Oskar Emil (geb. 1843), kam. Die beiden Jüngsten waren die begabtesten; während aber Oskar Emil in jugendlichstem Alter, wie wir noch hören werden, einem erschütternden Unglücksfall zum Opfer fiel, brachte es der dritte Sohn zu hohem Weltruhm, als Ingenieur, Erfinder und Mensch.

2. Nobels Jugend (1833-1854)

Am 21. Oktober 1833 erblickte Alfred Bernhard Nobel, wie wir schon hörten, als drittes Kind seiner Eltern, zu Stockholm das Licht der Welt. Über seine Kinderzeit ist so gut wie nichts bekannt. Man kann daher von ihm nicht, wie von so vielen anderen großen Männern, Kindheitser-

---

[1] Das korrekte Hochzeitsjahr ist, anders als es Hennig angibt, 1827. – Anm. Lektorat.

lebnisse und Jugendstreiche berichten, die ein Licht auf den Knaben und die Entwicklung seines Charakters werfen. Wie er es im späteren Leben niemals liebte, von sich zu reden und sich in den Mittelpunkt der Aufmerksamkeit gestellt zu sehen, so vermied er es auch, von seiner Jugend zu erzählen, oder gar eigene Kindheitserinnerungen aufzuzeichnen. Er empfand niemals das Bedürfnis, selbst sein Leben zu schildern; vielleicht wäre ihm eine solche Zumutung bei seiner nie rastenden Arbeitsfreudigkeit, seinem unablässigen Forschertrieb und Pflichtgefühl als eine unverantwortliche Zeitvergeudung, als ein Verrat an wichtigen wissenschaftlichen Aufgaben erschienen. Da er aus dem gleichen Drang heraus, der keine Ruhe und Erholung kannte, auch niemals eine Familie begründete, der er sein ganzes Ich hätte offenbaren können, da er überdies alle seine Brüder und sonstigen näheren Angehörigen überlebte, die ihn als Kind gekannt hatten, so ist in der Tat außerordentlich wenig über Alfred Nobels Kinderzeit zu berichten, und nur die allerwichtigsten äußeren Ereignisse seines Jugendlebens lassen sich in Kürze aufzählen.

Als der Vater 1837 Stockholm verließ, dachte er wohl zunächst durchaus nicht an einen dauernden oder auch nur lange währenden Aufenthalt in Petersburg, denn sonst hätte er zweifellos die Familie mit sich genommen oder doch bald nachfolgen lassen. Er rechnete vielmehr allem Anschein nach mit einer baldigen Wiederkehr in die Heimat, und so blieb denn Alfred Nobel vom vierten Lebensjahr an ein halbes Jahrzehnt ohne väterliche Erziehung und Anleitung. Es schien aber anfangs so, als wolle Emanuel Nobel in Petersburg das Glück blühen: er konstruierte Modelle von Torpedos, für deren Überlassung ihm die russische Regierung 25 000 Rubel (über 50 000 Mark) zahlte. Mit diesem Gelde begründete er 1842 eine mechanische Anstalt und eine Gießerei in Petersburg, und erst jetzt, als er sah, daß er seinen Wirkungskreis in absehbarer Zeit in Rußland behalten werde, ließ er seine Frau und seine drei Söhne zu sich kommen. So gelangte denn Alfred Nobel im Alter von neun Jahren nach Petersburg und verbrachte hier seine Knaben- und Jünglingszeit im elterlichen Hause unter anscheinend ziemlich glücklichen Umständen. Das neugegründete Unternehmen des Vaters entwickelte sich rasch in erfreulicher Weise und erlangte guten Ruf in Rußland. Emanuel Nobel, der sich nach wie vor zumeist der Konstruktion von Torpedos und Schnellfeuergeschützen widmete, erhielt insbesondere vom russischen Staat dauernd große Aufträge und machte auch selbst weitere technische Erfindungen, so daß die Nobelsche Fabrik einen bedeutenden Aufschwung nahm. Die Erfindung der Schießbaumwolle und des Kollodiums durch Schönbein im Jahre 1845 wies auch der Nobelschen Unternehmung neue Bahnen, und somit gelangte schon der Vater Nobels mehr und mehr auf das Gebiet technischer Betätigung, auf dem der Sohn später der erfolgreichste Bahnbrecher wurde.

Alfred Nobel hatte zunächst in Stockholm und später in Petersburg die Schule besucht, auf der er sich bereits durch sein erstaunliches, später oft bewährtes Sprachtalent auszeichnete. Mit 16 Jahren verließ er die Schule, um zunächst seines Vaters Gehilfe zu werden. Diese Beschäftigung mit der Sprengstofftechnik wies seinem beruflichen Leben für immer die Richtung. Der Vater mochte wohl meinen, daß die Ausbildung seiner eigenen Persönlichkeit durch den mehrjährigen Aufenthalt in Ägypten und das frühzeitige Stehen auf eigenen Füßen in vorteilhaftester Weise beeinflußt worden war, und wollte auch seinem Sohn Alfred die Segnungen eines frühzeitigen und dennoch nicht auf immer berechneten Herumkommens in der Welt zuteil werden lassen. So schickte er ihn denn, damit er sich praktisch als Maschineningenieur weiter ausbilde, im Jahre 1850, noch nicht 17-jährig, nach den Vereinigten Staaten von Amerika. Volle vier Jahre lang, genau die gleiche Zeit, die des Vaters ägyptische Reise gewährt hatte, blieb Alfred Nobel in der Fremde, und zwar nahm er seinen Aufenthalt in New-York, wo er bei seinem berühmten Landsmann John Ericsson (1803-1889) arbeitete, dem großen Schiffbauingenieur und Erbauer des Kriegsschiffs „Monitor"[2], der bereits um 1850, bevor er seine größten Leistungen vollbracht hatte, als Ingenieur einen geachteten Namen hatte.

3. Nobels Mannesjahre bis zur Rückkehr nach Stockholm (1854-1859)

Neuer Eindrücke und neuen Wissens voll, kehrte der 20-jährige Jüngling im Jahre 1854 ins Vaterhaus nach Petersburg zurück. Er kam gerade zur rechten Zeit, um seinem Vater, dessen Fabrik damals den Höhepunkt ihrer Entwicklung erreicht hatte, bei bedeutsamer, neuer Tätigkeit

---

[2] Näheres über Ericson in meinem „Buch berühmter Ingenieure" (Leipzig 1910), S. 72-102.

hilfreich an die Hand zu gehen. Kurz zuvor, am 4. Oktober 1853, war zwischen Rußland und der Türkei der bekannte Krimkrieg ausgebrochen, in den dann im nächsten Jahre die Westmächte England und Frankreich als Gegner Rußlands hineingezogen wurden. Da gab es für die Nobelsche Fabrik besonders große Arbeit, und das Unternehmen erlangte denn auch in diesem Kriegsjahre eine so bedeutende Ausdehnung, daß es tausend Arbeiter beschäftigte. Eine der wesentlichsten Aufgaben, die man Emanuel Nobel übertrug, bestand darin, die Newamündung und damit die Hauptstadt Petersburg gegen einen Handstreich der englischen Flotte zu schützen. Nobel hatte schon früher, in Friedenszeiten, in Gegenwart des Großfürsten Michael, mit Hilfe seiner Torpedos ein ihm zur Verfügung gestelltes, altes Schiff zerstört. Jetzt sollte er diese Kunst in den Dienst des Landes stellen, dem er zwar nicht als Bürger angehörte, das ihn aber seit 17 Jahren Gastrecht gewährte. Emanuel Nobels Gehilfe bei diesem Beginnen war sein ältester Sohn Robert, der damals 25 Jahre alt war und sich mit großem Geschick und Erfolg der ihm gestellten, schwierigen Aufgabe entledigte. Die Nobels sperrten die Newamündung durch eine Minenkette, die aus dünnen, mit loser Schießbaumwolle gefüllten Eisenblechgefäßen bestand und sich bei den Feinden bald großen Respekt verschaffte. Eine Mine wurde von dem englischen Schiff „Duke of Wellington" aufgefischt, an Bord genommen und dort einer Besichtigung unterzogen; dabei explodierte sie und tötete einen Mann der Besatzung. Später lief ein russischer Dampfer, als er unbekümmert die gefährliche Stelle passieren wollte, auf eine Mine auf und sank. Diese Vorfälle genügten vollauf, um Petersburg und Kronstadt, als die feindliche Flotte der Verbündeten im Mai 1855 im Finnischen Meerbusen erschien, gegen einen Handstreich zu schützen; denn sie verbreiteten auf den feindlichen Kriegsschiffen so große Besorgnis, daß während des Krieges kein Angriff auf die so vortrefflich geschützte Newamündung unternommen wurde. Alfred Nobel hatte daher, als er aus New-York nach Petersburg zurückkehrte, reichlich zu tun, um den Vater und den Bruder in ihren bedeutsamen kriegstechnischen Arbeiten zu unterstützen.

Es hatte damals ganz den Anschein, als ob die Nobelsche Familie für immer an Rußland gefesselt bleiben werde, um das sie sich so große Verdienste erworben hatte. Ihre Fabrik stand in vollster Blüte und hätte, bei gleichem Fortgang der Entwicklung, in wenigen Jahrzehnten vielleicht eine der größten Europas werden können, wie ja in den letzten Jahrzehnten überall die Fabriken, deren Produkte für kriegerische Zwecke verwendbar waren, besonders raschen und hohen Aufschwung genommen haben. Zu der Blüte des geschäftlichen Unternehmens gesellte sich, wie man wenigstens damals erhoffen konnte, der zu erwartende Dank des russischen Staates für die ihm geleisteten, wertvollen Dienste und das voraussichtliche Bestreben der Regierung, das so wichtige industrielle Unternehmen eines Ausländers dauernd an das Land zu fesseln. Es hätte also nicht viel gefehlt, daß Alfred Nobels Genie für immer dem Zarenreiche gehört und Rußland, an Stelle von Schweden, Geld und Ruhm in Hülle und Fülle zugeführt hätte. Doch es sollte anders kommen, und wenn Schweden sich heute rühmen kann, seinen großen Sohn wiedergewonnen zu haben, so war vor allem das Verhalten der russischen Regierung daran schuld, daß ihr ein so nützlicher Bürger entgangen ist.

Nachdem nämlich der Krimkrieg durch den Pariser Frieden vom 30. März 1856 beendet worden war, kam die russische Regierung ihren moralischen Verpflichtungen gegenüber der Nobelschen Fabrik, die ihr so große Dienste geleistet und Kronstadt, vielleicht gar Petersburg vor einem Bombardement bewahrt hatte, in keiner Weise nach. Sie zog vielmehr von da ab für ihren Bedarf die englische und überhaupt die ausländische Industrie mit ganz besonderer Vorliebe heran und entzog den einheimischen Fabriken die Lieferungsaufträge. Ein Unternehmen, wie das Nobelsche, das naturgemäß im Staat seinen Hauptabnehmer sah und bis dahin auch gehabt hatte, mußte durch eine derartige, von geringem Dankbarkeitsgefühl zeugende Vernachlässigung in die schwierigste Lage kommen, zumal es sich erst kurz zuvor im Interesse eben des Staates, der es jetzt im Stiche ließ, ganz beträchtlich erweitert hatte. Emanuel Nobel bot dieser ungünstigen und bedenklichen Wendung seines Lebensschicksals zunächst keck die Stirn. Er wendete sich wieder seiner alten Jugendliebhaberei, dem Schiffbau, zu und konstruierte einen neuen Dampfertyp für die Wolga, der Anklang fand und heute noch in der Wolgaschiffahrt gebraucht wird. Doch zeigte es sich bald, daß diese neue Tätigkeit nicht imstande war, den unvermeidlichen Rückgang der Fabrik aufzuhalten, und schließlich sah Nobel sich gezwungen, den Konkurs anzusagen. Die Gläubiger nahmen ihm die Leitung der Fabrik ab und übertrugen sie seinem zweiten Sohn Ludwig, der denn auch bis zu seinem 1888 erfolgten Tode in Rußland ansässig blieb, ohne daß es ihm gelang, das Unternehmen, das in bescheidenem Umfang weiter lebte, wieder auf seine frühere Höhe zu bringen.

Emanuel Nobel aber wandte, bitterer Empfindungen voll, 1859 dem undankbaren Zarenreich, nach 22-jährigem Aufenthalt daselbst, den Rücken und kehrte in sein Vaterland, nach Stockholm, zurück, um sich dort als Achtundfünfzigjähriger einen neuen Beruf zu schaffen. Doch er befand sich schon auf dem absteigenden Ast des Lebens und hätte vielleicht ein trauriges, entbehrungsreiches Alter durchmachen müssen, wenn er nicht seine beiden jüngsten Söhne bei sich gehabt hätte, deren Genius sich nun in mächtigem Fluge entfaltete und deren Erfindungs- und Arbeitskraft den alternden Vater und seine treue Lebensgefährtin vor Sorgen und Nöten schätzte.

4. Die Erfindung des Sprengöls und die Explosion der Fabrik (1864)

Schon in Petersburg hatte Alfred Nobel sein erstes Patent erworben. Es betraf eine Verbesserung am Gasometer und wurde ihm im September 1857 erteilt. Nachdem er sich mit den Eltern und dem erst 16-jährigen jüngsten Bruder wieder in seiner Geburtsstadt niedergelassen hatte, wendete er sich im Bewußtsein, jetzt die eigentliche Arbeitskraft der Familie zu sein und das Glück und die Zukunft seiner Lieben auf seinen Schultern zu tragen, ausschließlich dem Arbeitsgebiet seines Vaters zu, dem die zeitweiligen großen Erfolge in Rußland zu danken waren, der Sprengstofftechnik, der er nun sein ganzes übriges Leben hindurch treu blieb. Nach vieler Mühe war es dem Vater gelungen, in Schweden ein neues Unternehmen für Sprengstoffe zugründen. Als er nach Stockholm zurückkehrte, war er fast aller Mittel entblößt. Doch glückte es ihm, in Paris Gelder aufzutreiben, mit deren Hilfe er 1861 im Stockholmer Vorort Heleneborg eine Nitroglyzerinfabrik ins Leben rief.

Es war kein Geringerer als Kaiser Napoleon III., der die Veranlassung hierzu gab. Ebenso wie sein großer Oheim, hatte auch Napoleon III. ein selten lebhaftes, technisches Verständnis und Interesse, was sich an seinem tatkräftigen Eintreten für den Suezkanal, an seiner Befürwortung des Nicaraguakanals, an seinem ideellen Anteil an Bessemers Stahlfabrikation, an den auf seine Veranlassung geschaffenen Panzerschiffen Ericssons und Dupuy de Lômes und an manchen anderen Maßnahmen erweisen läßt. Da die für Kriegführung und strategische Zwecke wichtigen Erfindungen vom Kaiser besonders bevorzugt wurden, so wendete er auch den Nobelschen Bestrebungen ein so reges Interesse zu, daß auf seine Veranlassung der Bankier Pereire den Nobels ein Darlehen von 100 000 Franken gewährte. Diese Gelder haben, wie wir hören werden, überreiche Früchte getragen.

Das Nitroglyzerin oder Salpetersäure-Triglyzerid, das in der Folge Alfred Nobels bedeutsamste Erfindungen ermöglichte, ist eine organische Flüssigkeit, von der Formel $C_3H_5(NO_3)_3$, die bei Einwirkung konzentrierter Salpetersäure auf Glyzerin entsteht. Sie wurde 1847 von dem Chemiker Sobrero zuerst dargestellt, ohne daß es jedoch gelang, sie praktisch zu benutzen. Man wußte zwar, daß das Nitroglyzerin ein vortrefflicher Sprengstoff war, wie alle Nitrate, aber es hatte die Eigentümlichkeit, bei der

Berührung mit einer offenen Flamme nicht wie andere Sprengstoffe zu explodieren, sondern einfach zu verbrennen, während die ungeheure Explosivwirkung erst bei heftigen Erschütterungen, Schlägen usw. in zuweilen unerwartet gewaltiger Weise auftrat. Außerdem aber war das Nitroglyzerin, das der Vater Nobel nun mit seinen beiden Söhnen genau zu studieren begann, noch hervorragend giftig, so daß die Männer, die jahraus, jahrein mit ihm experimentierten, sich in fast unausgesetzter Lebensgefahr befanden. Wenn es aber gelang, das Nitroglyzerin für praktische Zwecke nutzbar zu machen, so durfte man hoffen, in Heleneborg rasch eine neue, große und wichtige Industrie ins Leben rufen zu können, und das war denn auch der Ansporn, der die Nobels zu ihren gefährlichen Untersuchungen trieb.

Lange Zeit hindurch schien die gefährliche Flüssigkeit allen Versuchen, sie unter den mächtigen Willen des Menschen zu zwingen, Trotz bieten zu wollen. Alfred Nobel erzielte den ersten kleinen Erfolg, als er Nitroglyzerin mit gewöhnlichem schwarzem Pulver mischte, denn dadurch kam eine Steigerung der Sprengkraft zustande. Diese Erfindung wurde ihm am 4. Oktober 1863 patentiert, doch hatte sie immerhin nur bescheidene Bedeutung und bedeutete noch keine Ausnützung des Nitroglyzerins selbst.

Die Zündschnur, mit deren Hilfe man sonst die Explosivstoffe in Aktion treten ließ, ohne die dabei tätigen Menschen zu gefährden, versagte hier. Die heftige Erschütterung hingegen, die das Nitroglyzerin explodieren ließ, in zweckmäßiger Weise rechtzeitig und gefahrlos auszulösen, wollte lange Zeit nicht recht gelingen, bis endlich Alfred Nobel einen wahrhaft genialen Ausweg fand, und als

Frucht langen Sinnens und Mühens den Zündhut herstellte, der jetzt dem Menschen half, die Explosion des Nitroglyzerins zuwege zubringen.

Nobels Streben ging dahin, im Innern der Flüssigkeit durch eine plötzliche Energieentbindung die gewünschte, starke Erschütterung in einem genau bestimmten Augenblick hervorzurufen. Nach mehr als 50 vergeblichen Versuchen erreichte er dieses Ziel in der Weise, daß er eine mit knallsaurem Quecksilber gefüllte Kupferhülse in das Nitroglyzerin hineinführte und dann das knallsaure Quecksilber mit den schon vorher bekannten Mitteln zur Explosion brachte. Diese primäre Explosion bewirkte dann die gewünschte Erschütterung und zog die Explosion der gesamten Nitroglyzerinmasse nach sich. Die in solcher Weise präparierte Kupferhülse nannte Nobel den Zündhut und die dabei angewendete Methode, die eine erste Explosion zur Auslösung einer zweiten benutzte, das Prinzip der Initialzündung.

Der Zündhut gestattete nunmehr eine Verwendung des Nitroglyzerins im großen, und da dieser Sprengstoff der wirksamste unter allen damals bekannten war, so konnte die Sprengstofftechnik von der 1864 gemachten Erfindung des Zündhuts an eine neue Epoche ihrer Entwicklung datieren, und sehr fachverständige Leute haben später rundheraus erklärt, sie habe seit der Erfindung des Schießpulvers keine so bedeutsame Erfindung zu verzeichnen gehabt wie den Nobelschen Zündhut.

Als „Nobelsches Sprengöl" machte das Nitroglyzerin nun seinen Weg durch die technische Welt. Die Zukunft der Heleneborger Fabrik war scheinbar gesichert, und die Wolken, die über dem Geschick der Nobelschen Familie so lange geschwebt hatten, schienen sich teilen zu wollen.

Aber bevor dies geschah, entsandten sie noch einen unheilschwangeren, fürchterlichen Blitz. Nicht umsonst gewährten die Schicksalsgottheiten ihre Gunst und öffneten das Füllhorn des Glücks: ein Opfer heischten sie zuvor, ein schmerzlich-schweres Opfer. Der unheilvolle Dämon, der im Nitroglyzerin gebändigt ruhte, zerbrach eines Tages seine Fesseln und verbreitete Tod und Verwüstung unter seinen Besiegern. Am 3. September 1864 flog durch eine gewaltige Explosion der gefährlichen Flüssigkeit die Nobelsche Fabrik in Heleneborg in die Luft. Zahlreiche Menschen büßten dabei ihr Leben ein, unter ihnen Alfred Nobels jüngster Bruder Oskar Emil, sowie sein trefflicher Chemiker Karl Erik Hertzmann.

Die Katastrophe war so schwer, daß das Lebenswerk der Nobels trotz der vorzüglichen geschäftlichen Aussichten, die sich durch die Einführung des Nitroglyzerins in die Sprengtechnik gerade damals eröffneten, dem Untergang nahe schien. Der Vater Nobel, der nach den letzten trüben Jahren noch einmal aus Glück und Erfolg zu hoffen wagte, wurde durch den Tod seines jüngsten, erst 21-jährigen Sohnes und durch den Untergang der Fabrik so schwer erschüttert, daß ihn einige Monate später ein Schlaganfall traf, der ihn dauernd lähmte.

5. Die Erfindung des Dynamits (1866)

So erschütternd diese Katastrophe war, so schien sie doch dem Erfolg der Sache selbst nicht weiter gefährlich werden zu können, da sie nur einzelne Personen der Nobelschen

Familie traf. Aber zu den Unglücksfällen in der Familie gesellten sich neue, schwere Sorgen, gerade weil der neue Explosivstoff allen bis dahin bekannten so bedeutend überlegen war. Zunächst kam, aus Anlaß der schrecklichen Heleneborger Katastrophe, eine behördliche Verfügung, wonach die Herstellung des gefährlichen Explosivmittels im Innern bewohnter Städte untersagt wurde. Alfred Nobel dachte infolgedessen daran, irgendwo vor den Toren Stockholms eine neue Fabrik zu bauen, aber allenthalben weigerte man sich, den gefährlichen Nachbar aufzunehmen, und zeitweilig schien es, als ob zwar der Bedarf an Sprengöl groß, aber nirgends eine Gelegenheit zu finden war, eben diesen begehrten Stoff in der Nähe brauchbarer Transportwege herzustellen. Um die Fabrikation nicht vollständig einzustellen, sah Nobel sich einige Zeitlang gezwungen, eine provisorische, primitive „Fabrik" mitten im Mälarsee auf einem verankerten Prahm zu errichten, und selbst hier, fern vom Ufer, gönnte man ihm keine Ruhe, denn mehrfach gab es Proteste gegen die jeweilige Lage des Prahms seitens des einen oder anderen Wassernachbars, der in der Nähe auf dem See irgendwelche Interessen hatte, so daß sich Nobel tatsächlich gezwungen sah, mehrfach die Lage seiner Prahm-„Fabrik" zu verändern.

So unangenehm, um nicht zu sagen bedrohlich die Schwierigkeit war, nach dem verhängnisvollen 3. September eine sichere Arbeitsstätte wiederzufinden, fast noch bedenklicher war eine andere Wahrnehmung. Nachdem am 10. Oktober 1864 die schwedische Regierung zuerst die Benutzung des „Nobelschen Sprengöls" bei Herstellung eines Eisenbahntunnels in der Nähe der schwedischen Hauptstadt angeordnet hatte, ging man in den ver-

Nitroglyzerin-AG. Fabrik Vinterviken, 1865
von Alfred Nobel u. a. gegründet

schiedensten Ländern dazu über, das Nitroglyzerin zu verwenden. Aber die noch mangelhafte Erfahrung in der Hantierung mit dem unheimlichen Stoff ließ leider mehrere Katastrophen eintreten, die der Heleneborger ähnlich waren. In Europa wie in Amerika kamen verschiedene Explosionen vor, die in den beteiligten Kreisen eine wachsende Besorgnis vor dem Sprengöl hervorriefen, ja, es schien sogar zeitweilig, als wollten mehrere Regierungen grundsätzlich die Benutzung der unheimlichen Flüssigkeit verbieten und nicht nur die Einfuhr, sondern selbst die Durchfuhr durch ihr Ländergebiet untersagen.

So kam es, daß gerade damals, als Alfred Nobel seine erste stolze Erfindung gemacht hatte und hoffen durfte, sein Lebensschifflein in einen gesicherten Hafen einlaufen zu sehen, eine gefährliche Klippe sich plötzlich zeigte, die erst noch umsteuert werden mußte. Wenn ihm dies gelang, so hatten sein kaufmännisches Geschick und sein erfinderisches Genie in gleichem Maße Anteil daran.

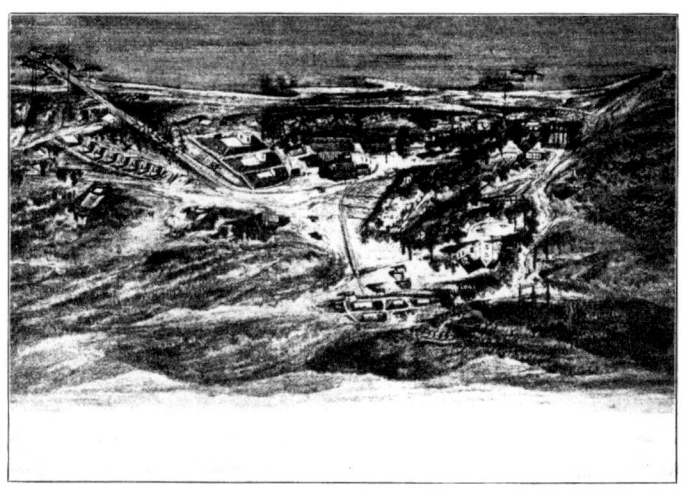

Fabrik Krümmel der Dynamit-AG vormals Alfred Nobel & Co., Hamburg, bei Beginn der Fabrikation

Zunächst überwand Nobel die Schwierigkeiten, die sich der Errichtung einer neuen Fabrik auf festem Lande entgegenstellten, und da sein jüngerer Bruder tot und der Vater nahezu arbeitsunfähig war, so suchte er neue Mitarbeiter zu gewinnen. Er fand sie im Konsul Smitt und im Kapitän Wennerström, mit denen er am 11. November 1864 eine „Nitroglyzerin-Gesellschaft" begründete. Diese Gesellschaft errichtete 1865 in Vinterviken bei Stockholm eine neue Nitroglyzerinfabrik. Um den gesteigerten Bedürfnissen gerecht zu werden, ging Nobel jedoch alsbald dazu über, auch im Ausland Filialfabriken zu begründen, und begann somit jene Gründertätigkeit großen Stils, die ihn nun während einer langen Reihe von Jahren in allen Kulturländern herumwirbelte und die recht eigentlich den Grundstock zu dem gewaltigen Vermögen der Nobelstiftung schuf. Bald nachdem die Fabrik in Vinterviken ihre Pforten geöffnet hatte, entstand eine norwegische Nitroglyzerinfabrik zu Lysaker bei Christiania, und ungefähr zu gleicher Zeit wurde Alfred Nobel von Hamburger Interessenten aufgefordert, mit ihnen über die Gründung einer deutschen Nitroglyzerinfabrik zu verhandeln. Er begab sich zu diesem Zweck selber nach Hamburg und gründete zusammen mit dem Rechtsanwalt Dr. Baudmann und dem Kaufmann Winkler die deutsche Gesellschaft Alfred Nobel & Co., die heute „Dynamit-Aktien-Gesellschaft" heißt und ihren Sitz in Hamburg hat. Die Folge war der Bau einer neuen Nitroglyzerinfabrik in Krümmel an der Elbe. Die erste Fabrik, die hier entstand, flog 1870 infolge einer Explosion in die Luft; die neue Fabrik jedoch, die alsdann errichtet wurde, entwickelte sich, infolge ihrer günstigen Lage im Zentrum Europas und in der Nähe des größten europäischen Kontinentalhafens, auf dem Boden der bedeutendsten Militärmacht der Welt, zur zweitgrößten Sprengstoffabrik der ganzen Erde.

Heutige Ansicht der Fabrik Krümmel, Hamburg

Die großen Gefahren, die die Fabrikation und Benutzung des Sprengöls mit sich brachten, hätten aber trotzdem den Erfolg der Nobelschen Erfindung noch in Frage gestellt, zumal da eine Reihe von Staaten geneigt war, dem gefährlichen Sprengöl grundsätzlich die Grenzen zu schließen, wenn nicht Nobels Erfindergenius es verstanden hätte, den Explosivstoff in eine Form zu bringen, in der seine Sprengkraft nicht gemindert war, die aber ein leichteres und ungefährlicheres Hantieren gestattete. Seit 1863 suchte Nobel bereits danach, ob es nicht möglich sei, dem Sprengöl die flüssige Form zu nehmen und die Vorteile des Sprengstoffs an einen festen Körper zu binden. Lange war alles Suchen vergeblich, bis schließlich ein seltsamer Zufall das gewünschte Ergebnis herbeiführte und Alfred Nobel im Jahre 1866 seine bedeutendste Erfindung, das Dynamit, machen ließ.

Wenn wir von Dynamit hören, denken mir unwillkürlich zumeist an Bombenattentate, Verschwörungen aller Art, furchtbare Kriegsgreuel u.dgl. Mancher ist daher von vornherein vielleicht wenig geneigt, den Erfinder des Dynamits als einen Wohltäter der Menschheit zu betrachten, und empfindet es als blutigen Hohn des Schicksals, daß der gleiche Mann, der die Welt mit dem zweifelhaften Geschenk des Dynamits beglückte, späterhin einer der Hauptförderer der internationalen Friedensbewegung und der allgemeinen Menschheitsverbrüderung wurde. Doch eine derartige Beurteilung des Mannes und seines Werkes ist durchaus einseitig! Gewiß hat das Dynamit oft genug zu Mord und Zerstörung gedient, hat Menschenleben und Menschenglück dahingerafft und den „bequemen Massenmord" ermöglicht. Es hat seit dem großen Deutsch-

Französischen Kriege von 1870/71 in allen Kriegen seine Schrecken entfaltet und hat in Gestalt von Bomben gar manchem hochgestellten Staatsmann und Herrscher den Tod gebracht. Aber wenn man allein aus diesen grausigen Verwendungsarten der Nobelschen Erfindung einen Rückschluß auf ihre kulturelle Bedeutung ziehen wollte, so würde man ebenso verkehrt urteilen, als wollte man den Kulturwert der Eisenbahn an der Zahl der Menschen ermessen, die alljährlich bei Eisenbahnunfällen ihr Leben einbüßen, oder den Wert der Alpenreisen an den tödlichen Abstürzen eines jeden Sommers! Die hauptsächlichste Bedeutung des Dynamits, wie überhaupt eines jeden Sprengmittels, ist friedlicher Natur, und wenn man die Nobelsche Erfindung richtig bewerten will, muß man in erster Linie an die Rolle denken, die das Dynamit in den letzten fünfthalb Jahrzehnten beim Straßen- und Tunnelbau sowie im Bergwerksbetrieb gespielt hat. Dann wird man staunend erkennen, daß gar manche herrliche Großtat der modernen Kultur, manches stolze Werk genialster Ingenieurkunst ohne die Hilfe des Dynamits schwerlich jemals hätte verwirklicht werden können.

Es war, wie schon gesagt, ein Zufall, der zur Entdeckung des Dynamits verhalf, ein blinder Zufall, der aber ohne jedes Ergebnis geblieben wäre, wenn er nicht eben gerade Alfred Nobels stets wachen Erfindergeist betroffen hätte. Es war im Jahre 1866 (im gleichen Jahr, das zwei andere Großtaten der Technik entstehen sah, die endgültige Schaffung der transatlantischen Telegraphenverbindung zwischen Europa und Amerika und die Entdeckung des dynamoelektrischen Prinzips durch Werner Siemens, also jene geistige Tat, von der erst die Entwicklung der ganzen modernen Elektrotechnik ihren Ausgang genommen hat), als eines Tages in Nobels Laboratorium in der Krümmeler Fabrik Nitroglyzerin aus einem undicht gewordenen Gefäß auslief. Derartige Vorkommnisse waren an sich nicht ungewöhnlich. Sie erhöhten sogar die Gefährlichkeit der Aufbewahrung des Sprengöls beträchtlich. In diesem Falle aber tränkte die auslaufende Flüssigkeit die poröse Erdmasse, die zur Verpackung der Nitroglyzeringefäße diente, und Nobel, der den Vorfall bemerkte und untersuchte, stellte mit Erstaunen fest, daß die mit Nitroglyzerin getränkte Erde stark explosive Eigenschaften bekommen hatte, die im geeigneten Augenblick zur Entfaltung gebracht werden konnten. Damit war das seit Jahren bestehende Problem, die explosiven Eigenschaften des Nitroglyzerins an einen festen Körper zu binden, gelöst, und um diese Entdeckung technisch verwerten zu können, bedurfte es nun nur noch eines porösen Körpers, der möglichst billig und leicht zu beschaffen war. Als für diese Zwecke geeignetste Substanz wählte Nobel nach zahlreichen Untersuchungen schließlich das sogenannte Kieselgur, ein weißliches, pulverartiges, so gut wie wertloses Produkt, das aus den Schalen winziger einzelliger Gebilde, der sogenannten Diatomeen, besteht und das an vielen Orten, vornehmlich aber in der Gegend von Hannover, aus Urtagen der Erde sich in großen Mengen aufgehäuft findet. Dieses Kieselgur war für Nobels Zwecke wie geschaffen. Es zeigte sich, daß es ganz gewaltige Mengen des Sprengöls aufzusaugen vermochte, Mengen, die dem eigenen Gewicht des Kieselgurs um nicht weniger als das Dreifache überlegen waren. Die Mischung des Kieselgurs mit dem Nitroglyzerin bildete dann eine mörtelähnliche Masse, deren Sprengkraft so groß war, daß sie der des flüssigen Sprengöls durchaus gleichkam.

Damit war jener fürchterliche Sprengstoff gefunden, der unter dem glücklich gewählten Namen Dynamit Weltberühmtheit erlangt hat. Selbstverständlich wurde die Herstellung des Dynamits nach und nach technisch vervollkommnet. Als beste Herstellungsmethode ergab sich schließlich die folgende: von dem Kieselgur, das zunächst geschlämmt, getrocknet und geglüht, gemahlen und gesiebt wird, werden 20-30 Gewichtsteile mit etwa 70-80 Teilen Nitroglyzerin und einem halben Gewichtsteil kalzinierter Soda gemischt. Die so hergestellte Masse wird mit der Hand durch ein Messingsieb gedrückt und dann in zylinderförmige Stangen von etwa 10 cm Länge und 2-2½ cm Dicke gepreßt. Die so geformte Masse ist gelb bis rotbraun, kann aber durch Vermischung mit Ocker auch dunkelrot gefärbt werden. Die Dynamitzylinder, die auch Patronen heißen, erhalten eine Hülle von paraffiniertem Papier oder Pergament und sind in diesem Zustand fast unbegrenzt haltbar. Bei Temperaturen unter 8°C gefriert die darin enthaltene Sprengmasse, bei Berührung mit einer offenen Flamme oder einen glühenden Körper verbrennt sie ohne Explosion, außer wenn es sich um die gleichzeitige Entzündung sehr großer Mengen von Dynamit handelt. Um den Sprengstoff zur Explosion zu bringen, muß man ihn entweder langsam bis auf 180 oder schnell bis auf 230° erhitzen, oder ihm, nachdem man ihn zwischen zwei Metallplatten gebracht hat, einen kräftigen Schlag versetzen. Benutzt man statt der Metallplatten Holzplatten, so kommt keine Explosion zustande; stellen Steine die Reibungsflächen dar, so ist der Erfolg des Schlages zum mindesten sehr ungewiß. Darin liegt ein sehr großer Vorteil für die Beförderung des Dynamits gegenüber der des Sprengöls. Mit den etwa in Holzkisten verpackten Dynamitpatronen braucht man durchaus nicht vorsichtig umzugehen und hat dennoch keine Explosion zu befürchten. Schüsse, die auf das Dynamit abgefeuert werden, üben eine Wirkung nur dann aus, wenn sie aus verhältnismäßiger Nähe kommen. Dafür aber haben die Dynamitlager den Blitzschlag zu fürchten, und gar manche verhängnisvolle Explosion ist durch atmosphärische Entladungen herbeigeführt worden. Doch vermag gegen diese Gefahr ein verständig angebrachtes System von Blitzableitern natürlich zuverlässig zu schützen. Um Sprengungen unter Wasser vorzunehmen, muß das Dynamit, da bei direkter Berührung mit dem Wasser das Kieselgur das Nitroglyzerin wieder von sich gibt, in wasserdichten Blech- oder Kautschukumhüllungen angewendet werden.

Man hat späterhin an Stelle des Kieselgurs noch manche anderen Stoffe mit Nitroglyzerin zu tränken versucht und diesen Mischungen gar mannigfache Namen gegeben. Einige von ihnen haben auch eine gewisse Bedeutung erlangt, aber keine auch nur annähernd die Wichtigkeit des Dynamits, das schon allein wegen seiner verhältnismäßig großen Billigkeit keinen Wettbewerb zu scheuen braucht.

6. Bis zur Übersiedelung nach Paris (1873)

Das 1866 erfundene Dynamit wurde Nobel am 19. September 1867 durch ein schwedisches Patent geschützt. Bald folgten weitere Patente in den wichtigeren Kulturländern, so daß dafür gesorgt war, daß Nobel die finanziellen Früchte seiner genialen Erfindung in ausreichender Weise zugute kamen. Es war von vornherein klar, daß Nobel dieses neueste, großartige Sprengmittel sogleich in denkbar größtem Maßstabe herstellen konnte, ohne sich wegen des Absatzes Sorge zu machen. Ja, der Bedarf der Kulturwelt an Dynamit war so groß, daß man bald daran gehen konnte, den drei bestehenden Nobelschen Sprengstoffabriken in Vinterviken, Lysaker und Krümmel eine ganze Reihe neuer Gründungen anzugliedern, weil die bestehenden Unternehmungen der riesenhaften Nachfrage in keiner Weise entsprechen konnten. Zur raschen Weltberühmtheit des Dynamits selbst in entlegensten Ländern trug im übrigen eine furchtbare Explosionskatastrophe bei, der ein mit 200 Faß Dynamit beladenes Schiff kurz vor der Erreichung seines Zieles, der Stadt Lima in Peru, zum Opfer fiel: das Fahrzeug wurde mitsamt seiner Besatzung so vollständig zerschmettert, daß keine Spur davon jemals wiedergefunden wurde! So traurig der Anlaß war - Nobel selbst hat es später ausgesprochen, daß von dieser Katastrophe an sein Dynamit sich tatsächlich die ganze Welt erobert habe!

Um den an die Fabrikation gestellten, großen Anforderungen gerecht zu werden, ohne den daraus zu erwartenden Gewinn aus der Hand zu geben, war Alfred Nobel seit dem Jahre 1867 zumeist auf Reisen. Es handelte sich dabei um die überall notwendig werdenden Neugründungen von Dynamitfabriken, bei denen er selber mit tätig war. Dabei reiste er nicht nur im alten Erdteil Europa herum, sondern auch in der Neuen Welt, wo er, nach 14-jähriger Abwesenheit, 1868 eintraf, um in San Franzisko mit dem Bruder seines Hamburger Gesellschafters Badmann[3] eine Dynamitgesellschaft ins Leben zu rufen, die „California Powder Works", denen fünf Jahre später die „Giant Powder Works" bei New-York folgten.

Alfred Nobel im 50. Lebensjahr.
Zeichnung von W. Planck.

Im gleichen Jahre, in dem die Fabrik in San Franzisco entstand (1868), schuf Nobel nach seiner Rückkehr nach Europa eine böhmische Nitroglyzerinfabrik in Zamky bei Prag. 1870 folgte eine finnische in Hangö und 1871, unmittelbar nach dem großen Kriege, eine französische in Paulilles bei Port Vendres. In diesem Jahre weilte Nobel auch in Großbritannien, in Glasgow, wo eine „British Dynamite Company Ltd." ins Leben gerufen worden war. Diese kaufte ihm seine Patentrechte ab und baute dann

---

[3] Gemeint ist der erwähnte Dr. Baudmann. – Anm. Lektorat

unter dem Namen „Nobels Explosives Company" in Ardrossan, Ardeer, die größte Dynamitfabrik der Erde. 1872 folgte eine spanische Fabrik in Galdacano bei Bilbao und eine zweite deutsche in Schlebusch bei Köln; im nächsten Jahr schlossen sich je eine italienische, schweizerische, ungarische und portugiesische an, und auch in der Folgezeit wurden noch zahlreiche andere Sprengstofffabriken Nobelscher Herkunft gegründet.

Da Nobel bei allen diesen Gründungen persönlich beteiligt war, ist es verständlich, daß er in diesen Jahren eine eigentliche Heimat kaum sein eigen nannte. Seine Eltern waren in Stockholm, seine Brüder in Russland ansässig, und er selbst fühlte sich, da er Junggeselle war und für Frau und Kinder nicht zu sorgen hatte, nach seinem eigenen Wort in allen Kulturländern heimisch. Sprachschwierigkeiten gab es für ihn kaum, denn er sprach außer seiner schwedischen Muttersprache Deutsch, Englisch, Französisch und Russisch mit gleicher Meisterschaft: in jeder von diesen Sprachen konnte er sich schriftlich und mündlich ausdrücken, als habe er von Kind auf nur diese eine Sprache gepflegt. So konnte es kaum Wunder nehmen, daß er sich als Kosmopolit, als Bürger der gesamten Kulturmenschheit fühlte, denn das Nationalitätsgefühl, ja selbst ein nicht geringer Teil des Patriotismus und vor allem seine groteske Verzerrung, der Chauvinismus, sind ja oft genug an die Beherrschung nur einer einzigen Sprache geknüpft. Mit der vollkommenen Meisterung mehrerer Sprachen aber entwickelt sich gern jenes Weltbürgertum, das so recht ein Kennzeichen der modernen Zeit ist und unter dem zwar keineswegs der Patriotismus zu leiden braucht, wohl aber jener beschränkte Chauvinismus, der andere Völker zumeist nur deshalb nicht leiden kann oder gar haßt und verachtet, weil ihre Sprache ihm unbekannt ist oder Schwierigkeiten macht. Man sagt wohl kaum zu viel, wenn man behauptet, daß der Deutsche sich deshalb besser als der Franzose und der Engländer zum Weltbürger eignet, weil er das größere Sprachtalent besitzt; der Skandinavier aber übertrifft zumeist noch den Deutschen in beiderlei Hinsicht, da er in noch viel höherem Maße von Jugend an auf die Aneignung der Hauptkultursprachen hingewiesen ist. Diese Befähigung zum Kosmopoliten hat im Wettkampf der Völker ihre Vorzüge, aber auch ihre Rauhteile, wie wir gerade jetzt an der Haltung der Deutschen und der Engländer in der Welt erkennen. Der Deutsche akklimatisiert sich leicht, oft viel zu leicht, so daß er oder seine Kinder Vaterland und Muttersprache gar nicht selten rasch vergessen; der Brite hingegen bewahrt sich im Ausland seine zähe Eigenart und seine Sprache meist durch Generationen, getragen von der festen Überzeugung, daß das englische Volk das erste der Welt sei und daß er sich etwas vergebe, daß er von seiner erhabenen Höhe herabsteige, wenn er von seinem Britentum, von seinen englischen Eigen- und Unarten auch nur das Geringste ausgebe. Im geschäftlichen Leben ist dieser beschränkte Nationalstolz ganz gewiß vom Übel; für die politische Stellung und Bedeutung der Nation hingegen stellt er einen Vorteil dar, einen so großen Gewinn, daß wir Deutschen nur wünschen könnten, etwas mehr von dem nationalen Selbstgefühl zu besitzen, das für jeden Briten einfach eine Selbstverständlichkeit ist!

Nitrozellulosefabrik

Bei Alfred Nobel war sicher das bei ihm ausnehmend scharf hervortretende Kosmopolitentum, das ihn in seinen späteren Jahren so besonders aufnahmefähig für die Ideen der Friedensbewegung und der allgemeinen Menschheitsverbrüderung machte, niemals deutlicher ausgeprägt als in den Jahren der unausgesetzten Gründungen von 1868 bis 1873, da er aus einem Land ins andere hin und her pendelte und ganze Monate seines Lebens auf Eisenbahnen und Schiffen verbrachte. Nachdem aber die kaufmännische Grundlage seines Lebenswerkes im größten Maßstabe gesichert war, erlangte in ihm doch wieder der Forscher und Erfinder, der Experimentator und Gelehrte die Oberhand, der er, dem Grundzuge seines Wesens nach, allen kaufmännischen Talentes unerachtet, doch in allererster Linie war. Um diese Neigung zu verwirklichen, mußte er notwendig irgendwo heimisch werden, denn wenn er später auch gelegentlich äußerte: „Mein Vaterland ist da, wo ich arbeite, und ich arbeite überall", so mußte er doch, um seinen wissenschaftlichen Interessen dienen zu können, irgendwo ein Laboratorium und damit auch ein festes Heim haben. Er arbeitete jetzt nicht mehr, um sich des Lebens Unterhalt zu verdienen, sondern nur um der Sache selbst willen, denn aus seinen zahlreichen Fabriken flossen ihm so reichliche Einkünfte zu, daß er, der Junggeselle von bemerkenswerter Bedürfnislosigkeit, seine Einnahmen nicht entfernt aufzubrauchen vermochte. Die Produktion an Dynamit, die im ersten Fabrikationsjahr, 1867, nur elf Tonnen betragen hatte, belief sich 1873, also in dem Jahre, da Alfred Nobel seine Neugründungen zu einem vorläufigen Abschluß brachte und sich wieder in sein Studierzimmer zurückzog, auf 2050 Tonnen, um im nächsten Jahr bereits auf 3120 Tonnen und in der Folgezeit in gleich schnellem Tempo zu steigen.

Aus mannigfachen Gründen schien es ihm geraten zu sein, sein neues Arbeitsheim möglichst ins Zentrum des europäischen Kulturlebens zu verlegen, von wo er leichter als von Stockholm aus bald hierhin bald dorthin gelangen konnte. Was ihn bis dahin an Stockholm gefesselt und ihn die schwedische Hauptstadt als seine eigentliche Heimat hatte betrachten lassen, war die Tatsache, daß seine Eltern dort ansässig waren. Nun aber war sein Vater, der sich von dem Schlaganfall von 1865 und den Nachwirkungen der

Heleneborger Katastrophe nie wieder hatte erholen können, am 3. September 1872, gerade am achten Jahrestage des Unglücks, das seinen jüngsten Sohn dahingerafft hatte, 71-jährig gestorben. Nur Alfred Nobels Mutter lebte noch in Stockholm und bildete bis zu ihrem am 7. Dezember 1889 erfolgten Tode für alle ihre drei Söhne den Anziehungspunkt, der sie Jahr für Jahr zum Geburtstage der Mutter (30. Sept.) nach Stockholm zurückkehren ließ.

Von diesem schönen Zuge kindlicher Pietät abgesehen, der zwischen Alfred Nobel und seiner Vaterstadt ein dauerndes Band knüpfte, war er aber von 1873 an im wahrsten Sinne des Wortes ein Weltbürger, und so war es denn wohl schwerlich ein Zufall, daß er die kosmopolitischste Stadt der Welt als neue, dauernde Arbeitsstätte erwählte: Paris.

7. Die Bekanntschaft mit Berta v. Suttner

Volle 18 Jahre lang stellte nun das Haus Nr. 59 in der Avenue Malakoff in Paris den Wohnsitz Alfred Nobels dar. Es waren Jahre reichsten Schaffens, des Höhepunktes der Lebensarbeit des großen Erfinders, Jahre, in denen Nobels Name zur Weltberühmtheit emporwuchs, in denen aber auch seine eigene, seltene Persönlichkeit, nach Jahren der fortgesetzten Unrast, zur ruhigen Entfaltung ihres Charakters, zur Selbstbesinnung gelangte und jene typische Ausfeilung aller ihrer Besonderheiten erlebte, die von Nobels Bild im Gedächtnis der Nachwelt allzeit unzertrennlich sein werden.

Man darf den Alfred Nobel der Pariser Zeit und der nachfolgenden Jahre mit Fug und Recht als einen Sonderling bezeichnen, einen Sonderling im besten Sinne des Wortes, eine Ausnahme-Persönlichkeit in jeder Hinsicht. Mit einer fast mimosenhaften Scheu mied Nobel den Lärm des Tages, die geselligen Freuden und Vergnügungen der Weltstadt. Wie ein Einsiedler hauste er in seinem Laboratorium, nur seinen Erfindungen, seinen philosophischen Gedanken, seinen literarischen und wissenschaftlichen Neigungen lebend. Einzig einer ganz kleinen, auserlesenen Schar von Vertrauten gewährte er einen Einblick in sein reiches Innenleben, in seinen ernsten, fast schwermütigen und melancholischen Charakter, in seine zartbesaitete und des höchsten Idealismus fähige Seele. Einen ganz engen Kreis von geistig hochstehenden, mit Wissenschaft, Philosophie, Literatur und Kunst vertrauten Freunden versammelte er von Zeit zu Zeit an seinem Tisch, und er liebte es, diesen wenigen bei derartigen Gelegenheiten die erlesensten Gerichte, die köstlichsten Weine vorzusetzen, während er selber allen materiellen Genüssen in dem Maße abhold war, daß er selbst bei solchen Gelegenheiten nur seine gewohnte, höchst einfache Kost und einen Trunk Wasser zu sich nahm. Größere Gesellschaften mied er grundsätzlich, und allen öffentlichen Veranstaltungen ging er sorgfältig aus dem Wege. Er mied die große Menge und wünschte, daß diese auch ihm aus dem Wege ging und ihn nicht beachtete. Inmitten der lärmenden, sinnenfrohen Weltstadt blieb er ein Einsiedler und tat alles, um so wenig wie nur irgend möglich die Aufmerksamkeit des Publikums zu erregen und von ihm in dem Grübeln seines Geistes beachtet und gestört zu werden.

Wir würden über Nobels Sinnen und Denken, über seinen Charakter und seine Ideale möglichenfalls überhaupt nicht unterrichtet sein, wir würden den Mann, dessen Name die Welt erfüllt, in seinem ureigensten Wesen vielleicht gar nicht kennen, wenn nicht ein glücklicher Zufall uns einen Schlüssel zum Verständnis dieses komplizierten und verschlossenen Charakters an die Hand gegeben hätte. Er selbst hat uns schriftlich keine Gefühlsergüsse und biographischen Aufzeichnungen hinterlassen, die für die Öffentlichkeit bestimmt gewesen wären; nur in seinen Briefen an die vertrautesten Freunde hat er gelegentlich sein Inneres enthüllt. Auch von Nobels kleinem Vertrautenkreis haben die meisten nichts über ihren Verkehr mit dem einsamen Erfinder bekanntgegeben. Nur eine einzige Persönlichkeit, die Nobels ganzes, rückhaltloses Vertrauen, seine volle Achtung und Sympathie genoß, hat zu uns gesprochen, und ihr danken wir die wertvollsten Einblicke in das Seelenleben des außerordentlichen, vor der Welt so ängstlich fliehenden Mannes. Diese Persönlichkeit ist die bekannte, geistvolle Schriftstellerin und Vorkämpferin der Friedensbewegung Baronin Berta von Suttner. Sie hat in einer ganz einzig dastehenden Weise Einfluß auf Nobels Denken und Fühlen gewonnen, sie hat ihn so recht eigentlich zu dem Denker und Idealisten gemacht, als der er sich uns in seinem berühmten Testament darstellt, sie hat uns auch in ihrem Buche „Memoiren", einer Autobiographie, Alfred Nobel menschlich so nahe gebracht, wie es ohne sie niemals möglich gewesen wäre. Sie kam mit Nobel gleich in der allerersten Zeit seines Pariser Aufenthalts in eine zunächst freilich nur sehr flüchtige Berührung, aus der sich jedoch ein dauernder, an wechselseitigen Anregungen überreicher Ideenaustausch der beiden außerordentlichen Menschen entwickelte. Es waren fast romanhafte äußere Umstände, die zur ersten Bekanntschaft der Beiden führten.

Ansicht der Nitroglyzerinfabrik des Werkes Krümmel

Nachdem Nobel nämlich erkannt hatte, daß die Zeit der fortdauernden Reisen wirklich als abgeschlossen gelten konnte, daß er jetzt ganz seinen Erfindungen und seinen persönlichen Neigungen leben durfte, und daß Paris ihm in absehbarer Zeit eine dauernde Heimstätte bieten werde, hatte er das Bedürfnis, sich dort auch heimisch einzurichten. Er war damals über 40 Jahre alt und an keine Familienrücksichten gebunden. Ernstliche Heiratsabsichten scheint er zeitlebens nie gehabt zu haben, obwohl behauptet wird, daß er in seiner Jugend einmal verliebt gewesen sei. In den Jahren zwischen Zwanzig und Vierzig war er erst durch den harten Kampf ums Dasein, den er zeitweilig ausfechten mußte, durch die pekuniären Sorgen in der ersten Stockholmer Zeit nach der Rückkehr aus Petersburg, dann durch des Bruders schrecklichen Tod und des Vaters Krankheit, durch seine fieberhafte Erfindertätigkeit und die Auswertung seiner Patente, schließlich durch seine jahrelangen Reisen und die Gründung zahlreicher Fabriken derartig in Anspruch genommen, daß für ihn der Gedanke, ein eigenes Heim zu gründen, kaum aufkommen konnte, da er darin doch keine dauernde Ruhestätte gehabt hätte. Dazu mag das Bewußtsein gekommen sein, daß der gefährliche Stoff, dem er seine Lebensarbeit weihte, eine unaufhörliche Lebensgefahr für ihn darstellte, und daß er als Gatte und Vater nicht so rücksichtslos und unbekümmert sein Leben fast Tag für Tag in die Schanze schlagen durfte, wie er es als Junggeselle tun konnte. Schließlich aber gehörte seine ganze Neigung seinem Laboratorium und seinen Experimenten, und es war für ihn wohl ein unfaßbarer Gedanke, daß er diese Interessen, die seinen täglichen Gedankenkreis voll auszufüllen geeignet waren, mit den häuslichen Pflichten und Sorgen eines Ehemanns und Familienvaters vereinen sollte. Als er im übrigen schließlich in Paris einen festen Wohnsitz fand, aus dem ihn nur noch vereinzelte geschäftliche Reisen entführten, und als sein Lebensschicksal in Gestalt reicher und dauernder Einkünfte aus seinen zahlreichen Fabriken gesichert war, so daß er mit Leichtigkeit darauf die glänzende Zukunft einer ganzen Familie hätte gründen können, da war er bereits in jene gesetzteren Jahre gelangt, in denen der Mensch sich schwerer als in jüngeren Lebensjahren zur Begründung eines Hausstandes und einer Familie entschließt, und es scheint sogar, daß er sich selbst gern älter machte, als er es wirklich war.

Bald nach dem Beginn des Pariser Wirkens dürfte Alfred Nobel jedenfalls endgültig den Gedanken, sich jemals zu verheiraten, aufgegeben haben, falls ein solcher Gedanke überhaupt einmal von ihm erwogen worden war. So bemühte er sich denn, eine Hausdame zur Führung des Haushalts zu sich zu nehmen, und erließ eines Tages eine Anzeige in verschiedenen Zeitungen des In- und Auslands, die nachstehenden Wortlaut hatte: „Ein sehr reicher, hochgebildeter, älterer Herr, der in Paris lebt, sucht eine sprachenkundige Dame, gleichfalls gesetzten Alters, als Sekretärin und zur Oberaufsicht des Haushalts." Unter den einlaufenden Antworten befand sich u. a. das Angebot der österreichischen Comtesse Berta Kinsky aus Harmannsdorf in Niederösterreich. Die damals 32-jährige Gräfin wünschte ins Ausland zu gehen, um einer hoffnungslosen Herzensneigung zu entfliehen, die sie an den jungen, Vermögens- und stellungslosen Baron Arthur Gundaccar von Suttner knüpfte. Gräfin Berta Kinsky war niemand anderes als die spätere Baronin Berta von Suttner. In ihren „Memoiren" erzählt sie, wie sie sich eben zu dem schmerzlichen Entschluß aufgerafft hatte, ihrer aussichtslosen Liebe und ihrer österreichischen Heimat soweit wie möglich zu entfliehen und des Herzens Wunden in einem ganz anderen Leben langsam zu verschließen, als sie die obige Anzeige las.

„So schrieb ich denn hin", berichtet sie weiter, „und erhielt eine Antwort, gezeichnet mit dem mir damals unbekannten Namen Alfred Nobel. Ich zeigte den Brief der alten Baronin Suttner; diese stellte Erkundigungen an und erfuhr, daß der Genannte der allgemein geachtete und berühmte Erfinder des Dynamits war. Herr Nobel und ich tauschten mehrere Briefe. Er schrieb geistvoll und witzig, doch in einem schwermütigen Ton. Der Mann schien sich unglücklich zu fühlen, ein Menschenverächter zu sein und von umfassender Bildung, von tief philosophischem Weltblick. Er, der Schwede, dessen zweite Muttersprache Russisch war, schrieb mit gleicher Korrektheit und Eleganz Deutsch, Französisch und Russisch. Meine Briefe schienen ihn jedenfalls auch sehr anzuregen. Nach kurzer Zeit war die Vereinbarung getroffen: ich sollte die Stelle antreten."

Comtesse Kinsky fuhr denn auch tatsächlich nach Paris und trat hier, allerdings nur für unerwartet kurze Zeit, mit Alfred Nobel in persönliche Berührung. Ihre Charakterisierung des damals 42-jährigen, großen Erfinders ist das Vollständigste und zugleich Schönste, was über Alfred Nobels Sein und Fühlen bekannt geworden ist. Die betreffenden Abschnitte seien daher hier möglichst vollständig wiedergegeben.

„Ich langte frühmorgens in Paris an. Herr Nobel kam mir zur Bahn entgegen und führte mich ins Grand Hôtel am Boulevard des Capucines, wo für mich Zimmer bestellt waren. In sein kleines Palais in der Rue Malakoff konnte ich noch nicht einziehen, da der Trakt, den ich bewohnen sollte, erst tapeziert und eingerichtet wurde. Vorläufig hatte ich also im Hotel zu bleiben. Alfred Nobel machte einen sehr sympathischen Eindruck. Ein „alter Herr", wie es in der Anzeige hieß und wie wir alle uns ihn vorgestellt hatten, grauhaarig, gebrechlich - das war er nicht; geboren 1833, war er damals 43[4] Jahre alt, von Gestalt unter Mittelgröße, dunkler Vollbart, weder häßliche noch schöne Züge, etwas düsteren Ausdruck, nur gemildert durch sanfte, blaue Augen; in der Stimme ein melancholischer oder abwechselnd satirischer Klang. Traurig und spöttisch, das war ja auch seine Art. War Byron darum sein Lieblingsdichter?

... Unsere vorher getauschten Briefe bewirkten, daß wir uns nicht mehr als ganz Fremde gegenüberstanden, und die Unterhaltung wurde gleich auf eine lebhafte und anregende Weise geführt. Nach dem Dejeuner, das wir unten im Speisesaal genommen, setzten wir uns in seinen Wagen, und wir fuhren durch die Champs-Élysées spazieren ... Er wußte so fesselnd zu plaudern, zu erzählen, zu philosophieren, daß seine Unterhaltung den Geist ganz gefangennahm. Mit ihm über Welt und Menschen, über Kunst und Leben, über die Probleme von Zeit und Ewigkeit zu reden, war ein geistiger Hochgenuß. Vom gesellschaftlichen Leben hielt er sich ferne - gewisse Formen der Schalheit, der Falschheit, der Frivolität flößten ihm zornigen Ekel ein. Er war voll Vertrauen in das abstrakte Ideal einer kommenden höheren Menschheit, - wenn einmal die Leute mit höher entwickelten Gehirnen zur Welt kommen werden - aber voll des Mißtrauens gegen die meisten gegenwärtigen Menschen, denn er hatte Gelegenheit gehabt, so viele niedrige, selbstsüchtige, unaufrichtige Charaktere kennen zu lernen. Mißtrauisch war er auch gegen sich selbst, und scheu bis zur Schüchternheit. Er hielt sich für abstoßend, glaubte keine Sympathie einflößen zu können; fürchtete

---

[4] Das korrekte damalige Alter ist 42, die Begebenheit fand in der ersten Hälfte des Jahres 1876 statt. – Anm. Lektorat.

immer, daß man ihn nur seines ungeheuren Reichtums wegen umschmeichelte. Darum hatte er wohl auch nicht geheiratet. Seine Studien, seine Bücher, seine Experimente - das füllte sein Leben aus. Er war auch Schriftsteller und Dichter, aber hat niemals etwas von seinen poetischen Arbeiten veröffentlicht. Ein hundert Seiten langes Poem philosophischen Inhalts, in englischer Sprache abgefaßt, gab er mir im Manuskript zu lesen - ich fand es einfach prachtvoll ... Alfred Nobel konnte mir nur eine bis zwei Stunden des Tages widmen, denn die Arbeit hielt ihn fest. Er hatte wieder eine neue Erfindung im Sinn. „Ich möchte einen Stoff oder eine Maschine schaffen können", sagte er mir, „von so fürchterlicher, massenhaft verheerender Wirkung, daß dadurch Kriege überhaupt unmöglich würden."

In dieser letzten Äußerung sehen wir schon das Thema angeschlagen, dessen Erörterung ihn in der Folgezeit so innig mit der damaligen Comtesse Kinsky, der späteren Frau v. Suttner, verbinden sollte. Das Nebeneinanderleben der beiden seltenen Persönlichkeiten, die das Schicksal 1876 unter einem Dach zusammenführen zu wollen schien, war nicht von langem Bestand. Bevor noch in Nobels Haus die Wohnzimmer für die neue Hausdame fertiggestellt waren, verließ nach nur etwa achttägigem Zusammensein Berta von Kinsky wieder Paris. Nobel war vom König von Schweden nach Stockholm gerufen worden, um über irgendwelche Angelegenheiten der Dynamitfabrikation persönlich sein Urteil abzugeben; da fühlte sich seine neue Hausdame, deren Liebe zum Baron Suttner durch die Entfernung von Wien nicht zum Schweigen gebracht, sondern nur zu noch stärkerer Flamme angefacht worden war, so vereinsamt und unglücklich, daß sie nach Empfang eines

Telegramms von Suttner, worin sie zur Rückkehr ermuntert wurde, Hals über Kopf Paris verließ und in die Arme ihres Liebsten eilte, dem sie denn auch bald darauf, im Juni 1876, zu einer 26-jährigen, überaus glücklichen Ehe angetraut wurde. Vor der Abreise schrieb sie an Nobel, der ihren Herzenskummer bereits erkundet hatte, und teilte ihm mit, weshalb sie sich außerstande fühle, die Stellung in seinem Haushalt, um die sie sich beworben hatte, anzutreten. Nobel war großherzig genug, ihr die plötzliche Flucht nicht zu verargen oder nachzutragen, sondern blieb in der Folgezeit mit der nunmehrigen Frau von Suttner in ständigem, wenn auch anfangs ziemlich seltenem Briefwechsel, der im Laufe der Jahre immer lebhafter und freundschaftlicher wurde und bis zu Nobels Tod fortdauerte. Auch persönliche Zusammenkünfte, die die beiden geistig verwandten Menschen einander näher führten, fanden seit 1887 noch einigemal auf je ein paar Tage statt, einmal in Paris, einmal auf Schloß Harmannsdorf und einmal in Bern und Zürich. Insgesamt haben sie während ihres Lebens wohl nur etwa zwei Wochen beieinander geweilt, und dennoch hat keine andere Persönlichkeit auf Alfred Nobel einen so bestimmenden und nachhaltigen Einfluß ausgeübt, so seiner Gedankenwelt die Bahnen vorgezeichnet, wie Berta von Suttner. Daß Nobel ein Philanthrop, ein Freund des Friedens und ein Feind des Krieges war, obwohl er dem Kriege das vielleicht furchtbarste Zerstörungsmittel geliefert hat, geht schon aus seiner oben mitgeteilten, überaus charakteristischen Äußerung hervor, die er gleich im Anfang der Bekanntschaft zu Berta von Suttner tat. Wenn er aber später bewußt in die Weltfriedensbewegung eintrat und sie mit seinen reichen Mitteln unterstützte, wenn er vor allem in seinem Testament der Friedensidee den fünften Teil seines gewaltigen Reichtums für alle Zeiten zukommen ließ, so hat ohne jede Frage Berta von Suttners schriftstellerisches und persönliches Wirken das Hauptverdienst an der Ausmeißelung dieser Seite seines Charakters und Interessengebietes gehabt.

Zunächst freilich, in der ersten Zeit des Pariser Aufenthalts, traten die philanthropischen Regungen bei Alfred Nobel noch in den Hintergrund, und seine Arbeitskraft gehörte ungeteilt seinen weiteren wissenschaftlichen Studien und Entdeckungen. Neue, herrliche Früchte, die dieses rastlose Wirken krönten, blieben denn auch nicht aus.

8. Die Erfindung des Sprenggummis (1875)

Die Erfindung des Dynamits, so großartig sie an sich war, genügte Nobels stets auf Verbesserungen bedachtem Geist auf die Dauer nicht. Es störte ihn, daß der von ihm gewählte Stoff, der das Nitroglyzerin aufzusaugen und an die feste Form zu binden bestimmt war, das Kieselgur, nicht auch selbst noch explosive bzw. explosionsfördernde Eigenschaften besaß. Wäre dies der Fall, so würde die Wirkung noch bedeutender sein. Nobel suchte deshalb nach einem anderen Körper, der das Kieselgur als Mittel zum Aufsaugen des Nitroglyzerins ersetzen konnte und überdies selbst an der Explosion aktiv teilzunehmen vermochte. Der nächstliegende Gedanke war, einen Versuch mit Schießbaumwolle anzustellen. Schon der Engländer Abel hatte 1867 die Schießbaumwolle mit Nitroglyzerin zu tränken versucht, um so eine Verbesserung des Dynamits zu erzielen, hatte jedoch keinen Erfolg gehabt. Nobel versuchte, auf dem gleichen Wege vorzugehen, erhielt jedoch kein besseres Ergebnis. Lange blieb sein ganzes Suchen nach einem explosiven Stoff, der das Kieselgur ersetzen konnte, vergeblich. Da kam ihm schließlich, ebenso wie bei der Erfindung des Dynamits, ein Zufall zu Hilfe. Den Ausdruck „Zufall" anzuwenden, ist freilich nur mit Vorbehalt möglich, denn hunderttausend anderen Menschen hätte der gleiche Zufall begegnen können, ohne daß sie daraus eine Erfindung geschöpft hätten. Wichtiger als das zufällige äußere Begebnis, das den Anstoß zu der folgenreichen Entdeckung gab, war in jedem Fall die scharfe Beobachtungsgabe, die blitzartige, geniale Inspiration und Kombinationsgabe, die aus einem gleichgültigen, unscheinbaren Begebnis die bedeutsamsten Nutzanwendungen zu gewinnen wußte.

Eines Tages hatte sich Nobel eine kleine Verletzung am Finger zugezogen. Er umwickelte die verwundete Stelle mit Kollodium, empfand aber in der folgenden Nacht einen so heftigen, brennenden Schmerz in der Wunde, daß er im Schlaf gestört wurde. Da er nicht wieder einschlafen konnte und unter dem Schmerz zu leiden hatte, begab er sich, sei es, um seine Aufmerksamkeit abzulenken, sei es, um die Zeit nicht ungenutzt zu lassen, nachts um 2 Uhr in sein Laboratorium. Hier kam ihm plötzlich der Gedanke, zu versuchen, ob nicht das Kollodium, mit dem sein Finger umwickelt war, mit Nitroglyzerin getränkt werden könne. Der Versuch gelang über Erwarten gut. Sofort angestellte genauere Untersuchungen zeigten, daß das Nitroglyzerin bei mäßiger Wärme Kollodium in größeren Mengen zu lösen vermag. Es bildet sich alsdann eine gelatineähnliche Masse von ganz außerordentlicher Sprengkraft, die selbst der des Dynamits noch um ein wenig überlegen ist. Dies geht aus der nachfolgenden Tabelle hervor, die für die wichtigsten Sprengmittel die explosive Kraftwirkung einer Gewichtseinheit zahlenmäßig veranschaulicht:

Strenggummi	10,3
Dynamit	10,1
Nitroglyzerin	10,1
Schießbaumwolle	9,7
Schwarzpulver	3,2

Der Strenggummi, auch Strenggelatine oder gelatiniertes Nitroglyzerin genannt, hat denn auch in der Folgezeit tatsächlich das Dynamit hier und da verdrängt und ist z. B. bei Gelegenheit der mühevollen Sprengarbeiten in dem außerordentlich harten Gestein des Gotthardtunnels wiederholt mit bestem Erfolge angewendet worden. Der Strenggummi ist bis auf den heutigen Tag der stärkste Explosivkörper geblieben, den wir überhaupt kennen, obwohl er nicht die gleiche Berühmtheit, um nicht zu sagen Volkstümlichkeit, erlangt hat wie das Dynamit, dessen leicht zu behaltender Name wohl viel dazu beitrug, daß jedermann den gefährlichen Stoff kennen und fürchten lernte.

Schlagwetterversuchstrecke der Fabrik
Schlebusch, Dynamit-AG

Die Erfindung des Sprenggummis wurde Ende 1875 gemacht. Sie war es offenbar, die Nobels Geist noch beschäftigte, als Berta von Kinsky in Paris anlangte; denn vom ersten Gedanken bis zum Vorliegen einer wohldurchdachten, patentfähigen Erfindung war natürlich immerhin ein nicht ganz kleiner Schritt. Am 8. Juli 1876 wurde Nobel ein französisches Patent auf die neue Erfindung erteilt, und nun eröffnete sich für den Erfinder eine neue Quelle reicher Einnahmen. Viele Millionen flossen Nobel im Laufe der Jahre zu, aber, im Gegensatz zu sehr zahlreichen anderen Fällen, vollzog sich das Ansammeln von Reichtümern hier in durchaus würdiger, einwandfreier Weise: die Schätze wurden einem Manne zu teil, der sie nicht blindem Glück, nicht waghalsigem Spiel, nicht den Verdiensten der Vorfahren und Verwandten verdankte, sondern ganz ausschließlich sich selbst und seinem Genie.

Daß der klingende Lohn dabei so ungemein glänzend ausfiel, war freilich dem Umstand zuzuschreiben, daß die Erfindung so hohe Bedeutung für kriegerische Zwecke hatte, denn die Erfahrung lehrt uns, daß Neuerungen technischer Art, die der Wehrkraft des Landes in aktiver oder passiver Hinsicht dienstbar zu machen sind, sich sehr viel besser und schneller bezahlt machen als irgendwelche anderen neuen geistigen Errungenschaften.

9. Neue Erfindungen bis zur Patentierung des Ballistits (1888)

Die Erfindungen des Zündhuts, des Dynamits, des Sprenggummis hatten einen pekuniären Erfolg, wie er unter zehntausenden von Erfindungen kaum einer einzigen beschieden ist. Ein anderer als Alfred Nobel hätte sich an seiner Stelle wahrscheinlich etwa mit dem 40. oder 45. Jahre zur Ruhe gesetzt und seinem Behagen gelebt, da die überreichen Einnahmen ihm sorg- und mühelos die Befriedigung jeder kostspieligen Neigung auf wissenschaftlichem, künstlerischem, allgemein-kulturellem oder materiellem Gebiete gestattet, und jede Liebhaberei und jedes Vergnügen ermöglicht hätten. Anders Nobel, der bis zum letzten Tage seines Lebens keine andere Lust kannte, als die Arbeit, der in der Zeit seiner größten wissenschaftlichen Triumphe und finanziellen Erfolge stets derselbe stille, bescheidene, bedürfnislose Forscher blieb, der am Ende der 50er Jahre den vom Unglück verfolgten Vater nach Stockholm begleitet hatte, um ihm mit seiner Hände Arbeit und seines Geistes Spannkraft behilflich zu sein, eine neue Existenz zu gründen. In jenen schweren Jahren war ihm das rastlose Sinnen und Schaffen bei Tag und Nacht so zur Natur geworden, daß kein noch so großer Erfolg ihm das seelische Gleichgewicht mehr zu stören vermochte, kein neuer Eindruck imstande war, die Lust an der Arbeit, die ihm mehr galt als jede andere Freude, auch nur zeitweilig in den Hintergrund zu drängen. Hat er doch selbst gelegentlich den für ihn überaus charakteristischen Ausspruch getan: „Mein Vaterland ist da, wo ich arbeite, und ich arbeite überall!" So konnte für ihn auch die bedeutsame Erfindung des Sprenggummis keinen Stillstand, selbst kein nur vorübergehendes Aufhören in der Arbeit bedeuten. In der Schaffung wirksamer Sprengkörper mit Hilfe des Nitroglyzerins stellte der Sprenggummi einen Höhepunkt dar, der nicht mehr überboten werden konnte. Somit war Nobels erfinderische Tätigkeit, soweit sie eine Ausnutzung des Nitroglyzerins zum Gegenstand hatte, nach ungefähr anderthalb Jahrzehnte langem, von unausgesetzten Gefahren bedrohtem, aber auch beispiellos erfolgreichem Studium zu einem Abschluß gelangt. Wenigstens schien es so, denn späterhin hat Nobel überraschenderweise gezeigt, daß sich dem Nitroglyzerin auch noch nach einer ganz anderen Richtung hin eine hochbedeutsame technische Erfindung abgewinnen ließ.

Zunächst jedoch wurde das Nitroglyzerin aus seiner überragenden Bedeutung im Laboratorium der Rue Malakoff verdrängt, und andere Ideen traten nach der Herstellung des Sprenggummis in den Vordergrund. Die Sprengtechnik wurde dabei nach wie vor von Nobel und seinen meist schwedischen Gehilfen bei der Arbeit, unter denen ein gewisser Fehrenbach volle 18 Jahre lang, während der ganzen Pariser Zeit, die erste Stelle einnahm, mit besonderer Vorliebe gepflegt; daneben aber wurden sehr verschiedenartige, völlig anderen technischen und chemischen Gebieten angehörende Untersuchungen angestellt, die wiederholt zu neuen Patenten führten. So wurde dem schwedischen Erfinder z. B. ein Verfahren zur Erzeugung und Konzentration von Schwefelsäure, ferner ein System nicht explodierender Dampfkessel, ja, sogar eine automatische Bremse und vieles andere patentiert.

Die bedeutendste Erfindung aber, die ihm in der Folgezeit überhaupt noch glückte, schloß sich doch wieder eng an die früheren Großtaten an. Es handelte sich um die Herstellung eines rauchlosen oder doch sehr rauchschwachen Schießpulvers, das Nobels Namen aufs neue in der gesamten Kulturwelt erklingen ließ.

Über 5 Jahrhunderte hatte das alte, der Sage nach von dem Mönch Berthold Schwarz um 1340 erfundene, in Wirklichkeit aber schon spätestens 1242 in Roger Bacos Schriften nachweisbare Schießpulver der Menschheit seine teils furchtbaren und verheerenden, teils segensreichen und kulturfördernden Dienste geleistet. Es hatte die alte Ritter- und Heldenromantik, die den Wert des Mannes nach seiner Körperkraft, seiner Fechtkunst und seinem Todesmut einschätzte, gründlich beseitigt und auch in kriegerischer Hinsicht völlig neue, mehr geistige Werte als wünschenswerteste Eigenschaften in den Vordergrund treten lassen. Von dem Augenblick an, in dem das Schießpulver in die Kriege der Weltgeschichte eingeführt wird, werden die Schlachten nicht mehr, wie meistens zuvor, durch die rohe

Kraft, durch die Zahl der Kämpfer, durch die größere Masse entschieden, sondern durch die vollkommenere Technik der Waffen und durch das strategische und taktische Genie der Führer. Im Zeitalter vor der Erfindung des Schießpulvers hätte z. B. der große Preußenkönig Friedrich seinen einzigen und unvergleichlichen 7-jährigen Heldenkampf gegen eine 20-fache Übermacht schwerlich zum glücklichen Ende führen können! - Das Schießpulver hat mächtig dazu beigetragen, den Geist über den Körper triumphieren zu lassen, und wenn uns auch beim Gedanken an die Geschichte des Schießpulvers eine unendlich große Reihe von kriegerischen Greueln, von blutigen Freveln, von Massenschlächtereien und hinterlistigen Einzelattentaten vorschwebt, so darf man doch nicht vergessen, daß die Kriege mit der Einführung des Schießpulvers keineswegs furchtbarer und verlustreicher geworden sind, sondern daß im Gegenteil die Kriegführung stets humaner wird, je mehr sich die Technik der angewendeten Vernichtungswaffen vervollkommnet. Die Feldzüge werden nicht nur immer seltener, sondern auch kürzer: kriegerische Auseinandersetzungen, die früher viele Jahrzehnte hindurch dauerten und den Wohlstand ganzer Völker untergraben, ziehen sich heute über ebenso viele Monate, ja, Wochen hin. In unserer Zeit ist nicht nur ein 30-jähriger, sondern auch schon ein 7-jähriger Krieg zwischen Kulturvölkern ein Ding der Unmöglichkeit. Heute wird, wenn zwei europäische Nationen sich als Gegner gegenüberstehen, die Entscheidung sich schnell, wie in wenigen schweren Schlägen eines rasch vorbeiziehenden Gewitters, abspielen. Zum Beweise dieser Behauptung braucht nur erinnert zu werden an den deutsch-französischen Krieg von 1870, der strategisch mit dem Tage von Sedan, 6 Wochen nach Ausbruch der Feindseligkeiten, entschieden war, oder gar an den deutschen Krieg von 1866, der binnen einer einzigen Woche im wesentlichen beendet wurde. - Wenn jetzt alle Kulturvölker Europas und Amerikas sich seit Jahrzehnten, von gewissen Kolonialkämpfen abgesehen, eines ungestörten Friedens erfreuen, wenn selbst ernste Gegensätze, die in früheren Jahrhunderten unweigerlich zu langjährigen, verheerenden Kriegen Veranlassung gegeben hätten, heute meistens auf dem Wege friedlicher Vereinbarung geschlichtet werden, ohne daß ein Appell zu den Waffen zu erfolgen brauchte, so war das Hauptverdienst daran neben der ständigen Erstarkung des internationalen Wirtschaftslebens und der größer werdenden Macht von Handel und Industrie, die an der Erhaltung des Friedens interessiert sind, zweifellos der unaufhörlichen Vervollkommnung der furchtbarsten Kriegs- und Vernichtungsmittel zuzuschreiben, deren Wirkung so entsetzlich ist, daß keine ihrer Verantwortung bewußte Regierung es noch wagen kann, ihre Nation ohne wahrhaft zwingenden Grund dem va banque-Spiel eines Krieges auszusetzen, in dem heute der Sieger überdies wirtschaftlich kaum weniger ruiniert werden würde als der Besiegte.

Das war ja eben des Friedensfreundes und Kosmopoliten Nobel Ideal, wenn er der Welt immer furchtbarere Zerstörungs- und Vernichtungsmittel schenkte. Er war fest überzeugt, daß jede Vervollkommnung der Kriegsführung, die durch die aus seinem Laboratorium hervorgehenden Sprengkörper ermöglicht wurde, die Möglichkeit eines neuen Krieges stets weiter einschränkte. Schon die Äußerung, die Berta von Suttner 1876 aus seinem Munde hörte und die in dem oben wiedergegebenen Zitat aus ihren „Memoiren" mitgeteilt ist, beleuchtet in trefflicher Weise das gewissermaßen philosophische Humanitätsideal, das Alfred Nobel bei seinen unablässigen Arbeiten aus dem Gebiete der Sprengtechnik beseelte. Noch deutlicher ist vielleicht ein anderer Ausspruch von ihm, den er bei späterer Gelegenheit zu Berta v. Suttner tat, als er bereits der Friedensbewegung gewonnen worden war: „Meine Fabriken werden vielleicht dem Kriege noch früher ein Ende machen als ihre Kongresse: an dem Tag, da zwei Armeekorps sich gegenseitig in einer Sekunde werden vernichten können, werden wohl alle zivilisierten Nationen zurückschaudern und ihre Truppen verabschieden."

Somit war also Nobel bei seiner Laboratoriums- und Erfindertätigkeit dauernd nicht nur auf eine Vervollkommnung der Technik, sondern auch auf eine Vervollkommnung der menschlichen Zivilisation bedacht. Er war sozusagen ein Kultur-Homöopath, denn sein Ziel ging darauf hin, die kulturellen Gebrechen der Menschheit dadurch zu heilen, daß er ihrer schnellen Entwicklung Vorschub leistete, so daß schließlich der kranke Körper von selbst zu einer sieghaften Reaktion gegen seine Krankheit gezwungen wurde.

Es ist hier nicht der Ort, sich mit Alfred Nobels Anschauungen über Krieg und Kriegsnotwendigkeit überhaupt auseinanderzusetzen oder die Friedensbewegung auf ihre Berechtigung hin zu kritisieren. Man kann darüber sehr verschiedener Meinung sein, und jede Meinung kann Berechtigung haben, denn der Philanthrop und der Realpolitiker werden sich in so heiklen Fragen des Gefühlslebens und Temperaments niemals miteinander verständigen können. Hier kommt es uns nur darauf an, zu zeigen, welche weite Weltanschauung, welche ideale Gesinnung und welche Gemütstiefe in Alfred Nobels Seele schlummerten und seinen Gedanken die Richtung wiesen, wenn er in seinem Laboratorium stand und neuen Erfindungen nachspürte. Nobel war überhaupt ein Philosoph; selbst in der Tätigkeit des Alltags schweifte sein Blick weit über die nächstliegenden Dinge hinaus und suchte Ewigkeitswerte zu erkennen. Besonders bezeichnend hierfür ist eine zu nicht geringer Berühmtheit gelangte Äußerung über das Schießpulver, die er in einem vor der Londoner „Society of Arts" gehaltenen Vortrag tat. Millionen von anderen Menschen, die als Praktiker oder Theoretiker mit dem Schießpulver zu tun hatten, sahen nichts anderes als eben - Schießpulver darin. Zu was für tiefsinnigen Gedanken aber wurde Nobel durch die Beschäftigung mit diesem Körper geführt? Sein genannter Ausspruch sagt es uns:

„Diese alte Mischung besitzt eine wahrhaft wunderbare Vielseitigkeit, die ihre Anwendung für ganz verschiedene Zwecke gestattet. In einem Bergwerk soll sie sprengen, ohne zu treiben, in einem Gewehr treiben, ohne zu sprengen; in einer Granate dient sie beiden Zwecken zugleich. In einem Zünder wie bei Feuerwerken brennt sie ganz langsam, ohne zu explodieren. Der Druck, der bei diesen zahlreichen Arbeiten von ihr ausgeübt wird, wechselt zwischen einer Unze pro Quadratzoll in der Zündschnur und 85 000 Pfund pro Quadratzoll in einer Granate. Aber gleich einem Mädchen für alles fehlt ihr die Vollkommenheit in irgendeiner Abteilung, und die moderne Wissenschaft, mit besseren Werkzeugen ausgerüstet, zwingt ihr allmählich ihren früheren Wirkungskreis mehr und mehr ab."

Eine der schlimmsten Unvollkommenheiten des sonst so wunderbar vollkommenen Schießpulvers zu beseitigen, war denn nun auch Alfred Nobel beschieden: die starke Rauchentwicklung. Der Rauch benimmt nicht nur dem Schießenden für einige Zeit nach dem Schuß den freien Ausblick in einer oft nur allzu fühlbaren Weise, sondern er verrät im Kriege und im Manöver dem Gegner auch den Standpunkt der sonst dem Blick verborgenen Schützen und wird daher in sehr zahlreichen Fällen als äußerst unangenehm empfunden. Schon etwa seit den 30er Jahren des 19. Jahrhunderts mühten sich einzelne Chemiker damit ab, dem Schießpulver eine Zusammensetzung zu geben, die die Rauchentwicklung abschwächte oder ganz unterdrückte. Jahrzehntelang war diesen Bestrebungen jedoch kein Erfolg beschieden. Erst 1884 gelang es einem französischen Chemiker, namens Vieille, ein Schießpulver von sehr geringer Rauchentwicklung zu fabrizieren, indem er Schießbaumwolle unter Benützung geeigneter Lösungsmittel, wie Äther, Alkohol, Azeton oder Äthylazetat, in einen gelatineartigen Brei verwandelte, aus dem er ein körniges Pulver herstellte.

Sprengstoffverladung aus der Fabrik Krümmel

Vermutlich durch die Ergebnisse Vieilles angeregt, suchte Nobel nun festzustellen, ob sich nicht mit Hilfe der von ihm erfundenen Sprengstoffe ein rauchschwaches Pulver herstellen lasse, von dem man von vornherein vermuten durfte, daß es wegen der sprengkräftigen Substanzen, aus denen es bereitet war, dem Pulver Vieilles überlegen sein würde. Nach langen, mühevollen Experimenten wurde dieses Streben von einem vollen Erfolge gekrönt.

Zunächst stellte Nobel zu seiner Verwunderung fest, daß eine Vermehrung des Gehalts seines Sprenggummis an Nitrozellulose die Sprengwirkung des Körpers abschwächte. Eine Vermischung von Schießbaumwolle und Sprenggummi zu etwa gleichen Teilen ergab einen verhältnismäßig sprengschwachen Körper, der die außergewöhnlich starke Explosivwirkung der beiden Materien, aus denen er zusammengesetzt war, kaum ahnen ließ. Durch verschiedene Zusätze, insbesondere durch eine Beimischung von Kampfer, konnte die Sprengkraft noch weiter herabgemindert werden, und aus dem so erhaltenen Körper gelang es Nobel, ein Schießpulver herzustellen, das fast gar keinen Rauch entwickelte und in mehrfacher Hinsicht den Vorzug vor Vieilles Pulver verdiente. Nobel taufte dies neue Pulver, auf das er am 31. Januar 1888 ein englisches, am 27. Februar 1889 auch ein französisches Patent erhielt, Ballistit. Berühmter aber wurde es unter dem Namen Nobelpulver. Als solches hielt es alsbald bei den Armeen der verschiedensten europäischen Staaten seinen Einzug, so in Deutschland, Österreich-Ungarn, Belgien, Italien und den skandinavischen Ländern, und verdrängte das alte „Mädchen für alles", das alte Schießpulver, mehr und mehr.

10. Übersiedelung von Paris nach San Remo (1891)

Das rauchlose Pulver trug mächtig dazu bei, Nobels Namen, soweit er nicht schon durch die Erfindung des Dynamits bekannt geworden war, in der ganzen Kulturwelt volkstümlich zu machen. Nobel erkannte so recht deutlich, wie hochgeschätzt er in den Kreisen der Fachgenossen war, als im April 1888 das Gerücht von seinem Tode aufkam. Am 12. April war nämlich in Cannes sein älterer Bruder Ludwig gestorben, dem 1859 die Leitung der väterlichen Fabrik in Petersburg anvertraut worden war und der späterhin zusammen mit dem ältesten Bruder, Robert Nobel, die berühmte russische Firma „Gebrüder Nobel" begründet hatte, das größte industrielle Unternehmen zur Ausbeutung der Petroleumquellen am Westrande des

Kaspischen Meers. Infolge einer Verwechslung wurde an Stelle des tatsächlich gestorbenen Ludwig der bekanntere Erfinder des Dynamits, Alfred Nobel, totgesagt. Die Nachricht verbreitete sich in alle Kulturländer, und nahezu überall widmete die Tages- und die Fachpresse dem Totgeglaubten außerordentlich anerkennende und ehrenvolle Nachrufe, mit denen auch ein Mann hätte zufrieden sein können, der mehr Wert auf die öffentliche Anerkennung legte, als Alfred Nobel es tat.

Vor allem in Nobels engerer Heimat, in Schweden, doch auch in Deutschland und in England waren die Nachrufe sehr sympathisch und einstimmig rührend gehalten. In Frankreich jedoch, das dem Schweden seit 15 Jahren eine Heimstätte gewährte, war die Beurteilung merkwürdigerweise geteilt. Schuld daran trug ein gerade in Frankreich so oft zu beobachtender blinder Chauvinismus, der alle Dinge lediglich unter dem Gesichtspunkt eines überhitzten, kurzsichtigen Pseudo-Patriotismus betrachtet und der sich infolgedessen zu einer objektiven Würdigung nicht aufzuschwingen vermag.

Nobel hatte in den Augen der französischen Radau-Patrioten eine große und unverzeihliche Sünde begangen, und demgemäß entwickelte sich aus einem verhältnismäßig ganz untergeordneten und nebensächlichen Anlaß ein Konflikt, der durch unverständige Hetzer und kleine Beamten-Gernegroße immer mehr geschürt wurde, bis schließlich Nobel gekränkt dem Lande den Rücken kehrte, in dem er 18 Jahre Gastfreundschaft genossen hatte.

Frankreich lebte nämlich 1888 mit seinem italienischen Nachbar auf ziemlich gespanntem Fuße. Als nun ungefähr gleichzeitig Nobel sein Ballistit außer an zahlreiche andere

Regierungen auch an Italien verkaufte, machte man ihm in der so leicht erregbaren und gern alles ins Sensationelle verzerrenden französischen Presse deswegen heftige Vorwürfe, obwohl er, als Schwede, der französisch-italienischen Spannung völlig neutral und uninteressiert gegenüberstand, wie er sich überhaupt in seiner Eigenschaft als Weltbürger und Anhänger der Idee vom ewigen Frieden für nationale Gegensätze und Eifersüchteleien nicht im geringsten erwärmen konnte. Über die Angriffe gewisser Zeitungen, deren Beruf es ist, sich über irgendetwas aufzuregen, konnte Nobel sich unter Anwendung des bewährten Bismarck-Rezepts: „Dor lach' ick öwer" unschwer hinwegsetzen. Schlimmer aber war es, daß auch die französischen Behörden sich vielfach auf den Standpunkt eines engherzigen, beschränkten Chauvinismus stellten und nun dem großen Erfinder mit allerhand kleinen Schikanen das Leben sauer machten. - Die gereizte Stimmung in Frankreich gegen Italien war inzwischen längst gewichen, ganz neue politische Fragen hatten bereits, mehrfach wechselnd, die öffentliche Meinung in Anspruch genommen, aber die Unbeliebtheit Nobels bei den Behörden blieb bestehen, obwohl der Grund (eben der Verkauf des Ballistits an Italien) inzwischen wohl von den meisten Beteiligten vergessen worden war. Im Laufe der Zeit wurden die gegenseitigen Beziehungen immer unerfreulicher, und als der Präfekt des Departements Seine-et-Oise sich im Jahr 1891 gar so weit vergaß, daß er Nobel 2 Monate Gefängnis androhen ließ, falls er die behördlichen Vorschriften über den Umgang mit Explosivstoffen nicht besser beachte, schüttelte Nobel den Pariser Staub von den Füßen und suchte sich eine neue Heimat. Der behördliche

Schematismus, der berüchtigte Bürokratismus, für den alle Menschen nur Nummern eines großen Namensverzeichnisses, nur Untertanen der hochwohlweisen Beamten sind, hatte wieder einmal den Sieg davongetragen über geistige Größe, über den frevelhaften Versuch eines sich seiner Verantwortung vollbewußten Genies, sich der schulbubenhaften Beaufsichtigung jeglichen Tun und Handelns zu entziehen.

Wie die russischen Behörden dereinst den Vater Nobel veranlaßt hatten, dem Zarenreich den Rücken zu kehren, so nötigten jetzt französische Beamte durch eine ebenso überflüssige wie beschränkte „Regiererei" den Sohn Nobel, die neugewonnene Heimat, in der er 18 Jahre geweilt hatte und unter anderen Umständen wahrscheinlich sein Leben beschlossen haben würde, zu verlassen. Afred Nobel wendete seine Schritte nunmehr noch südlicher, zu den milden Gestaden des Mittelmeers. San Remo war der neue Ort, an dem er heimisch zu werden beschloß. Hier baute er sich ein eigenes Heim, ganz nach seinem Geschmack, ein schönes Haus, dem er den Namen Mio Nido (Mein Nest) gab und das heute nach des Erbauers Tode den Besuchern San Remos unter dem Namen Villa Nobel bekannt ist.

Viel Freunde und Bekannte, denen er nahe stand, ließ Nobel wahrhaftig nicht in Paris zurück. Wir wissen durch Berta v. Suttner, die mit ihrem Gatten 1887 nochmals nach der französischen Hauptstadt zu kurzem Besuch gekommen und von Nobel bei dieser Gelegenheit sehr freundlich aufgenommen worden war, daß Nobel in den letzten Jahren seines Pariser Aufenthalts genau ebenso zurückgezogen lebte, wie in den ersten. Das einzige Haus, in dem er von Zeit zu Zeit einmal verkehrte, war das der Frau Juliette Adam, einer geistreichen, vielseitig interessierten Frau. So mochte ihm der Abschied von Paris wohl nicht allzu schwer werden, denn alles, was ihm wahrhaft teuer und wert war, nahm er ja mit sich nach San Remo: seine Bücher, sein Laboratorium und – seine Ideale. Diesen letzteren widmete er sich in seinen letzten in San Remo verlebten Jahren noch gründlicher als zuvor, und in ihren Dienst stellte er schon bei Lebzeiten sein riesiges Vermögen in umfassendster Weise, um es nach seinem Tode ganz den Ideen zu widmen, für die er sich begeistert hatte. Um diesen charakteristischen Zug des großen Mannes voll zu verstehen und zu würdigen, um ihn psychologisch richtig zu erfassen, ist es erforderlich, uns mit seinen persönlichen Anschauungen und Überzeugungen, so gut es geht, noch etwas näher vertraut zu machen.

11. Nobels politisches, soziales und wissenschaftliches Glaubensbekenntnis

Wie von allen Strömungen des Alltags, so hat sich Nobel auch von der Politik zeitlebens strengstens ferngehalten. Das widerliche Parteigezänk, das heute zu gut neun Zehnteln das politische Leben der Kulturvölker ausmacht, sagte seiner fast überzarten Natur, seinem feinsinnigen Geschmack ganz und gar nicht zu, und so mied er denn, wie es grade die selbständigen und gedankenreichen Männer neuerdings immer häufiger tun, den Schlammstrom des jeden Individualismus ertötenden parteipolitischen Lebens vollständig. Trotzdem läßt sich Nobels politisches Bekenntnis mit einiger Sicherheit festlegen. Er huldigte entschieden sozialistischen Anschauungen, wenn ihn auch von dem üblen Radau-Sozialismus unserer Tage eine Welt trennte. Nobels Sozialismus war vielmehr ein ausgesprochener Edel-Sozialismus, zu dem sich nur wenige auserlesene Geister aufschwingen können. Er predigte keinen Umsturz und keinen Zukunftsstaat, sondern sein Ideal war, daß die Menschen aus sich selbst heraus zu einer höheren Stufe der Gesittung gelangen möchten, in der sie reif würden für neue Auffassungen des Besitzrechts. Weit entfernt von der öden Gleichmacherei, stand Nobel vielmehr auf dem Standpunkt Goethes, daß das höchste Glück der Erdenkinder doch die Persönlichkeit sei, und diese Hochschätzung des Individualismus schied ihn wiederum scharf von dem landläufigen, bisher nur in der Negation und im Haß großen Sozialismus. Wohl aber ähnelte Nobels politisches Glaubensbekenntnis dem sozialistischen in bezug auf sein kosmopolitisches Empfinden, seine Abneigung gegen den Hurra-Patriotismus und Chauvinismus, der gegen andere Nationen meist nur deshalb eifert und hetzt, weil er sie nie aus persönlicher Anschauung kennengelernt hat. Einem sprachlichen Polyhistor wie Nobel, der überdies so viel in der Welt herum gekommen war, standen mit Notwendigkeit die führenden Kulturvölker ungefähr gleich nahe. Noch charakteristischer aber äußerte sich Nobels Sozialismus in seiner schroffen Abneigung gegen die Vererbung großer Vermögen durch mehrere Generationen hindurch. Es ist psychologisch ungemein reizvoll, ihn, der sich geradezu aus dem Nichts heraus durch eigene Kraft ein nach vielen Millionen zählendes Vermögen erworben hatte, als Gegner des Kapitalismus zu erkennen oder mindestens doch als einen Gegner der Forterbung großer Kapitalien. Nicht zum wenigsten unter diesem Gesichtspunkt muß man ja sein berühmtes Testament verstehen, das die folgerichtige Konsequenz seiner sozialen Ideen war, indem es sich bemühte, die Nutznießung eines großen Vermögens nach dem Tode des Besitzers nicht irgendwelchen zufälligen, vielleicht entfernten Verwandten, sondern der ganzen Menschheit zugute kommen zu lassen. Berta v. Suttner äußert sich über diese Ansichten Nobels, nach von ihm selbst stammenden Bemerkungen, folgendermaßen:

„In seinen Anschauungen neigte Nobel sehr zum Sozialismus; so sagte er, es sei für viele Leute unstatthaft, ihr Vermögen den Verwandten zu hinterlassen; vererbte große Vermögen erachte er für ein Unglück, denn sie wirken lähmend. Angesammelte große Habe müsse an die Allgemeinheit und für allgemeine Zwecke zurückgehen; die Kinder der Reichen müßten nur so viel bekommen, um vor Mangel geschützt, aber genug wenig, um zur Arbeit und durch diese zur neuerlichen Bereicherung der Welt angespornt zu sein."

Das tief philosophische und gleichzeitig philanthropische Denken des Mannes, der trotz seines Grübelns über erreichbare Fortschritte und Zukunftsmöglichkeiten der Menschheitsentwicklung niemals den Blick für das wirklich Vorhandene verlor, geht aus diesen Worten klar genug hervor und noch deutlicher vielleicht aus einem anderen Brief, der ebenfalls in den Suttnerschen „Memoiren" mitgeteilt ist:

„Licht verbreiten heißt Wohlstand verbreiten (ich meine den allgemeinen Wohlstand, nicht individuellen Reichtum), und mit dem Wohlstand verschwindet der größte Teil der Übel, die ein Erdteil finsterer Zeiten sind. Die

Eroberung der wissenschaftlichen Forschung und ihr sich stets erweiterndes Feld erwecken in uns die Hoffnung, daß die Mikroben - die der Seele sowohl als des Körpers – nach und nach verschwinden werden und der einzige Krieg, den die Menschheit führen wird, wird der Krieg gegen diese Mikroben sein. Dann wird der herrliche Ausdruck Bacons, daß es Wüsten in der Zeit gibt, sich nur mehr auf weit zurückliegende Zeiten beziehen."

Es stimmte zum übrigen Bilde der Persönlichkeit Nobels, daß er eine ausgesprochene Abneigung gegen alle amtlichen Ehrungen und Auszeichnungen besaß. In dieser Eigenschaft unterschied er sich durchaus von einem anderen großen Skandinavier, der in seiner pessimistischen, satirisch-kritischen Bewertung der Gegenwarts-Menschheit und in seinen idealen Zukunftshoffnungen und -wünschen zur Menschheitserziehung sonst manche ausfallende Ähnlichkeit mit dem Charakter Alfred Nobels aufweist, von seinem Zeitgenossen Henrik Ibsen, den sein scharfer, erbarmungsloser Blick für alle menschliche Kleinlichkeit dennoch nicht daran hinderte, auf seine Orden und Ehrenzeichen außerordentlich stolz, ja, geradezu eitel zu sein. Hierin war Nobel, der sonst der weichere von beiden Charakteren war, konsequenter als der geniale Norweger; er äußerte sich über Orden in folgenden sehr bezeichnenden Worten, die so recht bezeugen, wie Nobel durchaus nicht um jeden Preis seinen Ideen nachging, sondern wie er bereit war, in nebensächlichen Dingen dem landläufigen Geschmack Zugeständnisse zu machen, um nicht etwa seinerseits zu kränken und Anstoß zu erregen:

„Man kann sie nicht ablehnen, ohne als ein Original angesehen zu werden, aber sie verursachen Verlegenheit und sind deshalb unwillkommen. Ich hoffe, daß der Abend meines Lebens nicht dadurch getrübt wird."

Im Gegensatz zu dieser deutlichen Geringschätzung der landläufigen amtlichen Auszeichnungen, die wieder im vollen Einklang mit seinen sozialistischen Ideen stand, schätzte Nobel andere Ehrungen, wie sie von fachwissenschaftlichen Gesellschaften und gelehrten Korporationen aller Art erwiesen werden können, sehr hoch ein. In dieser Beziehung war er besonders dankbar für die Aufmerksamkeiten, die ihm aus seiner schwedischen Heimat kamen. Als die Stockholmer Akademie der Wissenschaft ihn zu ihrem Mitglied machte, als die Universität zu Uppsala ihn, den nicht akademisch Gebildeten, zum Ehrendoktor ernannte, waren ihm diese und manche ähnliche Ehrungen keineswegs „unwillkommen", sondern bereiteten ihm herzliche Freude als eine Anerkennung der berufensten Instanzen für sein wissenschaftliches Wirken und Schaffen. Wie hoch er solche Ehrungen einschätzte, die von gelehrten Vereinigungen kamen, geht ja am besten daraus hervor, daß er derartige Korporationen zu Verwaltern seines Nachlasses ernannte und sie ermächtigte, die Nobelpreise für hervorragende wissenschaftliche, künstlerische und allgemein-nützliche Leistungen zu verleihen. Die unpersönliche Wissenschaft wurde ihm, der in religiösen Dingen offenbar sehr frei dachte (geäußert hat er sich anscheinend nie darüber), zu einer Art von Idol, zumal nachdem er Pasteurs schönes Wort kennengelernt hatte, dessen Lektüre nach seinem eigenen Bekenntnis einen der stärksten Eindrücke seines Lebens bedeutete: „Der Mangel an Kenntnis ist es, der die Menschen trennt, die Wissenschaft vereinigt sie." – Die wissenschaftliche Erkenntnis nach besten Kräften zu fördern, um dadurch die Kulturmenschheit vollkommener und damit glücklicher zu machen, war das große Ideal seiner letzten Lebensjahre, dem er dann in seinem Testament einen weithin schallenden, unverlöschlichen Ausdruck verliehen hat. Schon der Versuch, mit neuen Mitteln die wissenschaftliche Forschung zu fördern, schien ihm unter allen Umständen der Ermutigung und Unterstützung wert zu sein, selbst dann, wenn es durchaus zweifelhaft war, ob ein wertvolles Ergebnis erwartet werden konnte. So stiftete Nobel z. B. eine Summe von vollen 80 000 Fr. für die Verwirklichung der verwegenen, von fachmännischer Seite heut als sinnlose Tollkühnheit verurteilten Idee seines schwedischen Landsmanns Andrée, den Nordpol im Luftballon zu erreichen. Nobel hat den tragischen Ausgang dieser an Selbstmord grenzenden Waghalsigkeit und die am 11. Juli 1897 auf Spitzbergen erfolgte Ausführung des Ballonaufstiegs nicht mehr erlebt. Uns interessiert hier auch weniger die Tatsache, daß er eine so große Summe einer von vornherein hoffnungslosen Sache zuwandte, als die Art und Weise, wie er sein Handeln begründete:

„Wenn Andrée sein Ziel erreicht, selbst wenn er es nur halb erreicht, so wird dies einer jener Lärm und Gärung verursachenden Erfolge sein, welche die Geister bewegen und das Entstehen und die Aufnahme neuer Ideen und neuer Reformen bewirken ... Damit will ich auch der Sache des Friedens dienen, denn jede neue Entdeckung läßt in den Gehirnen der Menschheit Spuren, die es ermöglichen, daß desto mehr Gehirne der nächsten Generation entstehen, die imstande sind, neue Kulturgedanken aufzufassen."

Auch hier spricht wieder der Reformator und Erzieher der Menschheit zu uns: ihm kommt es eben bei aller seiner Förderung wissenschaftlicher Arbeit weniger auf das einzelne wissenschaftliche Ziel an, dessen Erreichung er jeweilig unterstützt, als darauf, die Kulturwelt überhaupt für neue Ideen und Gedanken aufnahmefähig zu machen und sie dadurch rascher zur Selbständigkeit, zum Eigen-Denken zu erziehen und von der Herden- und Hammelnatur des Menschen zu erlösen.

Kaum minder hoch als die Wissenschaft im allgemeinen und die Naturwissenschaft im besonderen schätzte Nobel die Literatur, während sein Interesse für alle anderen Künste, vor allem für Musik und Malerei nicht größer gewesen zu sein scheint, als es beim gebildeten Durchschnittsmenschen die Regel ist. Sein ausgesprochener Lieblingsdichter war, wie schon oben erwähnt, der heißblütige englische Romantiker Lord Byron, den er so oft gelesen hatte, daß er ihn seitenlang auswendig kannte. Wie stark die künstlerische Ader in diesem großen Mann der Wissenschaft war, beweist am besten Berta von Suttners Mitteilung, sie habe von seiner eigenen Hand, meist in englischer Sprache, verfaßte Gedichte gesehen, die an Schwung und tiefer Empfindung sich mit den Byronschen Werken wohl zu messen vermochten. Leider hat Nobel diese Dichtungen grundsätzlich der Öffentlichkeit vorenthalten, und auch nach seinem Tode ist nichts davon zur allgemeinen Kenntnis gebracht worden. Ebenso blieb der Öffentlichkeit ein in schwedischer Sprache verfaßtes Drama „Beatrice Cenci" bis auf den heutigen Tag unbekannt, das Nobel in seinem letzten Lebensjahr schrieb, als er durch häufige Krankheit gezwungen wurde, seinem geliebten Laboratorium fern zu bleiben, und als sein nie rastender, an produktive Arbeit gewöhnter Geist nun in anderer Weise nach einer Entladung der in ihm aufgespeicherten Energie verlangte. Berta von Suttners Urteil: „Wäre dieser geniale Mann nicht ein großer Erfinder geworden, sicherlich, er hätte als Schriftsteller eine hohe Stufe erreicht", darf man ohne weiteres als zutreffend ansehen, wenn man die einzigen literarischen Produkte studiert, die von Nobels Hand bekannt geworden sind: seine Briefe. Sie atmen eine geradezu klassische Schönheit des Stils, und das Wunderbare dabei ist, daß sie gleich schön und vollendet waren, ob sie in schwedischer, deutscher, englischer oder französischer Sprache abgefaßt wurden!

Von Nobels Briefen ist nur ein sehr kleiner Teil bisher veröffentlicht worden. Es kann ja aber wohl nicht zweifelhaft sein, daß in unseren Tagen, wo Briefsammlungen in Hülle und Fülle der Öffentlichkeit vorgesetzt werden, auch eine Sammlung der Nobelschen Briefe nicht lange mehr auf sich warten lassen wird. Gibt es zur Ergründung des innersten Wesens eines großen Menschen, mit Ausnahme von etwa hinterlassenen Tagebüchern, doch kein vollkommeneres Mittel als eine Vertiefung in seine Korrespondenz mit vertrauten Verwandten und Freunden, weil sich niemand in seinen von vornherein für die Öffentlichkeit bestimmten Kundgebungen so rückhaltlos und unverschleiert über sein tiefstes Fühlen und Denken ausläßt wie in seinen Briefen. Wieviel mehr würde deren Kenntnis uns also ein Eindringen in die Psychologie Alfred Nobels ermöglichen, der es stets so ängstlich, mit fast überzarter Scheu vermied, ins Licht der Öffentlichkeit zu treten, und von dessen Hand sonst außer dem Testament, kaum irgendein Dokument von wirklich persönlicher Färbung auf uns gekommen ist!

Freilich würde eine etwaige Sammlung von Nobelschen Briefen, die sicher eine Fundgrube für literarische Feinschmecker wäre, keine leichte Aufgabe, denn die Zahl dieser Briefe muß hoch in die Zehntausende gehen! Er verwendete auf die Erledigung seiner Korrespondenz, der er sich mit allergrößter Gewissenhaftigkeit widmete, außerordentlich viel Zeit. Alle Briefe schrieb er mit eigener Hand, da verschiedene Versuche, den Inhalt zu diktieren und durch einen Sekretär schreiben zu lassen, stets nach kurzer Zeit von Nobel als unbefriedigend wieder verworfen wurden. Wenn man nun hört, daß nach einer ungefähren Schätzung Nobels Korrespondenz sich in den letzten Jahren seines Lebens durchschnittlich auf etwa 50 Briefe täglich stellte, so mag man daran ermessen, einen wie ungemein hohen Wert Nobel auf diese Seite seiner persönlichen Betätigung legte. Es ist ja ganz selbstverständlich, daß eine so außerordentlich umfangreiche Korrespondenz sich nur bei sofortiger, streng geordneter Erledigung aller Briefverpflichtungen durchführen ließ, und auch in dieser Hinsicht mag sich an Alfred Nobel gar mancher ein Beispiel nehmen, für den vielleicht, wie man es ja täglich beobachten kann, schon die Beantwortung eines einzelnen wichtigen Briefes eine nicht geringe Überwindung natürlicher Trägheit voraussetzt. Die alte Erfahrung, daß Leute, die am meisten schaffen und wirken, dennoch am meisten Zeit für andere Menschen zu erübrigen wissen, während andere, die überhaupt nichts tun, trotzdem immer „keine Zeit haben", bestätigte sich eben auch an Nobel in der erstaunlichsten Weise. Es ist freilich klar, daß nur eine eiserne Selbstzucht und eine überaus gewissenhafte Zeiteinteilung und Zeitausnutzung eine solche Vielseitigkeit der Betätigung möglich zu machen imstande war.

12. Nobel in seinen Briefen

Selten nur hat ein begnadeter Mensch wissenschaftliche und gleichzeitig pekuniäre Erfolge seiner Arbeit in dem Umfang zu verzeichnen wie Alfred Nobel. Man sollte erwarten, daß ein Mensch in so glücklichen äußeren Umständen, unabhängig nach allen Richtungen, fähig, jedem Wunsch, jeder Neigung zu leben, sich als ein wahrhaftes Schoßkind des Glückes hätte fühlen müssen, daß ihm zum mindesten ein hochgesteigertes Selbstgefühl, ein Bewußtsein vom Wert seiner Persönlichkeit zu eigen sein mußte. Aber gerade das Gegenteil war, wie schon das Gesagte erkennen läßt, bei Nobel der Fall. Eine tiefe Schwermut, um nicht zu sagen, Melancholie ist der Grundzug seines Wesens, ein Mißtrauen in die Bedeutung seiner Person, die im schrillen Mißklang zu dem Urteil der Allgemeinheit steht und als geradezu unverständlich bezeichnet werden muß.

Schon in den wenigen Briefen Nobels, die bisher der Öffentlichkeit bekanntgegeben worden sind, hauptsächlich in den an Berta von Suttner gerichteten, zu der sich Nobel vielleicht am offensten aussprach, ist uns eine Möglichkeit an die Hand gegeben, die Seele dieses seltenen Mannes etwas genauer zu studieren. Der bereits aus den obigen Darlegungen entspringende Eindruck, daß Nobel zeitlebens dazu neigte, sich selbst ganz erheblich zu unterschätzen, sein Licht unter den Scheffel zu stellen, verstärkt sich noch bei dem Studium seiner brieflichen Auslassungen.

In einem vom 17. August 1885 datierten, in Wien verfaßten Brief in französischer Sprache an Frau von Suttner äußerte er sich z. B. über sich selbst in folgender, ganz unbegreiflichen Weise, wobei bemerkt werden muß, daß wenige Jahre zuvor Berta von Suttners geistvolles, gedankenreiches, reifes Erstlingswerk, das „Inventarium einer Seele", erschienen war, das der Verfasserin rasch einen geachteten Namen gemacht hatte:

„Was soll ich Ihnen von mir berichten - von dem Schiffbrüchigen an Jugend, Freude und Hoffnung! Eine leere Seele, deren „Inventarium" eine weiße Seite ist, oder vielmehr eine graue."

So trostlos grau sah es in der Seele des großen Mannes aus. Gemildert wurde die düstere Melancholie nur durch ein Vertiefen in seine Ideale sowie durch einen gewissen gutmütigen, wenn auch nicht eben fröhlichen, trockenen Humor, wie er für die meisten Skandinavier so ungemein charakteristisch ist, und durch eine gewisse sarkastische Ader, die, ohne zu verletzen, doch manche kleine, unschuldige Bosheit zutage forderte. Bezeichnend hierfür ist z. B. folgende Stelle in einem an die Baronin Suttner gerichteten Pariser Brief vom 22. Januar 1888:

„In diesem Augenblick haben sich alle Dynamitleute (dynamiteurs) der Welt (die Dynamitleute sind die Direktoren und Geschäftsführer der Dynamitgesellschaften) hier ein Stelldichein gegeben, um mich mit ihren Angelegenheiten zu belästigen (taquiner) Verträgen, Plänen, Berechnungen usw. Ich wünsche von Herzen, daß ein neuer Mephisto käme, um die Hölle mit diesen üblen Geschöpfen (êtres malfaisants) zu bereichern." Ein Faksimile eines vom 28. April 1883 datierten Nobelschen Briefes an Frau v. Sutter, worin der Schreiber sich für die Übersendung des „Inventariums einer Seele" bedankt, ist nebenstehend wiedergegeben.

> Madame,
>
> Je suis encore sous le charme de Votre livre délicieux. Quel style et que de pensées philosophiques animées de sentiment profond! Mille remerciements pour le plaisir que j'ai eu à Vous lire, et daignez agréer avec mes respectueux hommages le profond dévouement qu'inspirent un souvenir et une admiration ineffacés et ineffaçables
>
> A Nobel
>
> Paris le
> 28/4 83.

Faksimile eines Briefes Alfred Nobels an Bertha von Suttner

13. Der Korditprozeß[5] (1894)

Bei einer solchen Grundstimmung, die aufs ängstlichste darauf bedacht war, nicht den Weg irgendwelcher Mitmenschen zu kreuzen und auch das eigene Leben tunlichst allen unerwünschten äußeren Einflüssen zu entziehen, mußte jeder rauhe Eingriff, jede Vergewaltigung des individuellen Lebens von Nobel ungleich bitterer als von anderen Menschen empfunden werden. Es lag nicht in der Natur dieses stillen, feinen Gelehrten, sich gegen ein ihm zugefügtes Unrecht mit allen Kräften zu verteidigen; genügte ein einmaliger, rein sachlicher Einspruch nicht, um den Übergriff zu vereiteln, so duldete Nobel lieber, als daß er zu kräftiger Abwehr, zu einem wirksamen Gegenschlag ausholte; aber um so bitterer fraß dann der Groll in seinem Innern fort. Wie er auf die Anmaßung des französischen Präfekten, ihm zwei Monate Gefängnis anzudrohen, nicht mit einer geharnischten Beschwerde bei der vorgesetzten Behörde, sondern mit der stillen Auswanderung aus Frankreich geantwortet hatte, so nahm er auch eine andre Kränkung seiner Erfinderehre und Beeinträchtigung seines Erfinderrechtes hin, ohne mit allen verfügbaren Mitteln gegen die ihm angetane Vergewaltigung Protest einzulegen.

Die Gelegenheit, bei der dies geschah, war der sogenannte Korditprozeß vom Jahre 1894. In England war ein Cordite genanntes, rauchschwaches Schießpulver dargestellt worden, das nach Nobels Auffassung und nach der

---

[5] Kordit ist ein rauchschwaches Schießpulver, meist in Schnurform gepresst. – Anm. Lektorat

Meinung jedes unvoreingenommenen Sachverständigen eine Verletzung des Nobelschen Ballistit-Patents darstellte, das, wie wir oben (S.29) hörten, auch für England Gültigkeit hatte. Nobel strengte einen Prozeß gegen die englische Regierung an, den er aber verlor, da eben die englische Regierung Partei in der Streitfrage war und da die englischen Gerichte sich in solchen Fällen dem ausländischen Patentinhaber gegenüber des öfteren den Grundsatz zu eigen machen, daß das Wohl der englischen Nation und der englischen Regierung die „suprema lex" und das oberste Moralgebot, auch für Politik und Rechtsprechung, darstelle. Obwohl die Sachlage so gut wie einwandfrei die Berechtigung der Nobelschen Ansprüche dargelegt hatte und obwohl die Patentverletzung klar zutage lag, entschied das englische Gericht, eine Verletzung liege nicht vor, und die Klage sei demnach abzuweisen. Zwar bemühten sich die das Urteil verkündenden Richter, die offenbare Rechtsbeugung für den geschädigten Kläger mit vielen schönen Redensarten und höchst anerkennenden Worten für seine großen Verdienste zu verzuckern; aber das bittere Gefühl, daß Moral und Recht in seiner Person dem Staatsinteresse aufgeopfert worden waren, vermochten sie bei Nobel dennoch nicht zu bannen, dessen ohnehin fast allzu große Menschenscheu und Menschenverachtung durch die Zufügung eines so krassen, kaum aufs Notwendigste verschleierten Unrechts neue Nahrung erhielt.

14. Nobel, der Friedensfreund

Aus seinem Pessimismus;, seiner Melancholie flüchtete Nobel sich schließlich immer häufiger und lieber ins Reich seiner Träume und Ideale, und in der Ausmalung kommender Kulturzustände, die von den Schlechtigkeiten, Unvollkommenheiten und Gemeinheiten der Gegenwart nichts mehr übrig behalten hätten, fand er seinen Trost und seine Befriedigung. Vor allem aber war es die Idee des ewigen Friedens, für die er schon seit langem Sympathie empfunden hatte, der er in seinen letzten Lebensjahren seine ganze Begeisterungsfähigkeit und den besten Teil seines philosophischen Sinnens zuwandte. Der Umgang mit Berta von Suttner und vor allem die Lektüre ihres erschütternden Romans „Die Waffen nieder!" hatten ihn immer entschiedener in die Bahn des überzeugten Pazifisten gedrängt. Nach der Lektüre des Romans richtete er am 1. April 1890 einen Brief an die Verfasserin, in dem u. a. folgende charakteristische Stellen vorkamen und der uns Nobel in einer ganz neuen Rolle zeigt, als einen galanten Schmeichler, dessen Schmeicheleien aber zweifellos aus aufrichtigem Herzen kamen und von wahrer Hochachtung und Bewunderung diktiert wurden:

„Soeben habe ich die Lektüre Ihres bewundernswerten Meisterwerkes vollendet. Man sagt, es gebe 2000 Sprachen – das wären 1999 zuviel – aber sicher ist keine darunter, in die Ihr herrliches Buch nicht übersetzt, in der es nicht gelesen und überdacht werden sollte. Wieviel Zeit haben Sie gebraucht, um dieses Wunder zu erschaffen? ... Sie haben dennoch Unrecht zu rufen „Die Waffen nieder", denn Sie selbst machen davon Gebrauch, und Ihre Geschütze – der

Reiz Ihres Stils, die Größe Ihrer Ideen – tragen weiter und werden weiter tragen als die Lebel, Nordenfelt, de Bange und alle anderen Höllenmaschinen.[6] Der Ihre für immer und mehr denn immer.

Alfred Nobel"

Der Suttnersche Roman hat Alfred Nobel voll für die Friedensidee begeistert und hat ihn veranlaßt, selbst darüber nachzusinnen, wie die Forderung „Die Waffen nieder!" sich verwirklichen lassen könnte. Auch in diesem schönen Traum, der wohl noch lange, vielleicht immer, nur ein Traum bleiben wird, ließ er sich nicht von Ideen und schönen Phrasen fortreißen, verlor er nicht den Blick für das Reale, für das zunächst Erreichbare. Er wiegte sich nicht in den Hoffnungen einiger verstiegener Träumer, daß eines Tages durch gemeinsamen Beschluß aller beteiligten Regierungen die allgemeine Abrüstung von einem Tag zum andern durchgeführt werden könne, sondern er wußte genau, daß man nur schrittweise vorgehen dürfe, wenn man etwas Bleibendes, etwas dauernd Wertvolles erreichen wolle. In einem Briefe vom 31. Oktober 1891 an seine schwesterliche Freundin (in einem andern Brief spricht er von seiner „brüderlichen Ergebenheit" für sie) äußert er sich in nachfolgender, sehr charakteristischer Weise darüber:

„Man müßte den Regierungen, die den guten Willen haben, einen annehmbaren Entwurf unterbreiten. Einfach die Abrüstung fordern, das heißt sich lächerlich machen, ohne daß jemand einen Vorteil davon hat". Um Erfolg zu haben,

---

[6] Die Genannten sind verschiedene Arten von Gewehren und Kanonen. – Anm. Lektorat.

müßte man sich mit sehr bescheidenen Anfängen begnügen und das tun, was man in England auf rechtlichem Gebiet bei unzweifelhaftem Erfolg tut. Man begnügt sich dort in solchem Fall damit, ein Gesetz provisorisch für eine beschränkte Gültigkeitsdauer von zwei Jahren, selbst von einem Jahr, zu erlassen. Ich zweifle nicht, daß sich viele Regierungen nicht weigern würden, einen so bescheidenen Vorschlag in Erwägung zu ziehen, vorausgesetzt, daß er durch Staatsmänner von hohem Ansehen vertreten würde.

Wäre es zuviel verlangt, wenn man z. B. die Forderung aufstellte, daß die europäischen Nationen sich verpflichten, ein Jahr lang jede zwischen ihnen entstehende Streitfrage einem zu diesem Zweck zusammengesetzten Schiedsgericht zu übertragen, oder, wenn sie dies nicht wollen, jeden feindseligen Akt bis zum Ablauf des vereinbarten Termins zu vertagen ... Und nach dem Ablauf des Termins werden alle Staaten sich beeilen) ihren Friedenspakt auf ein weiteres Jahr zu erneuern ... Und wenn selbst wirklich ein Streit zwischen zwei Regierungen ausbricht: glauben Sie nicht, daß sie sich in neun von zehn Fällen während des obligatorischen Waffenstillstands, dem sie sich unterworfen, wieder beruhigen werden?"

Diesen sehr verständigen Vorschlägen, die ja für kleine internationale Zwistigkeiten noch vor Ablauf des Jahrhunderts im großen und ganzen im permanenten Haager Schiedsgericht verwirklicht waren, ließ Nobel später in einem andren, an Frau von Suttner gerichteten Brief vom 7. Januar 1893 noch weitere, etwas phantastischere folgen:

„Ich spreche zu Ihnen nicht von Abrüstung, die sich nur sehr langsam erreichen lassen kann; ich spreche zu Ihnen nicht einmal von einem internationalen obligatorischen

Schiedsgericht. Aber zu dem Ziel sollte man bald kommen (und man kann dahin kommen), daß nämlich alle Staaten sich solidarisch verpflichten, daß sie gegen den ersten Angreifer vorgehen. Dann werden die Kriege unmöglich werden. Und man sollte dahin gelangen, daß man selbst den widerspenstigsten Staat zu zwingen vermag, sich entweder einem Tribunal zu unterwerfen oder sich ruhig zu verhalten. Wenn die Tripelallianz nicht nur drei Staaten umfaßte, sondern alle Staaten sich verbanden, würde der Frieden auf Jahrhunderte gesichert sein."

Man mag derartige Anschauungen für verfehlt, für undurchführbar halten – das Streben, im Gebiet des Erreichbaren und Annehmbaren zu bleiben und nicht durch verstiegene, extreme Forderungen die ganze Sache von vornherein hoffnungslos zu diskreditieren, muß jedenfalls anerkannt werden.

Es war wieder für Nobel bezeichnend, daß er in der Folge zwar lebhaften Anteil an den verschiedenen, meist unter Berta von Suttners Ägide stehenden Weltfriedenskongressen und sonstigen Friedensbestrebungen nahm, daß er es aber grundsätzlich vermied, persönlich in die Bewegung einzugreifen oder an den Beratungen sich zu beteiligen. Als im August 1892 der vierte Weltfriedenskongreß in Bern tagte, erschien Nobel, der der Einladung zum Kongreß nicht gefolgt war, zu des Ehepaars Suttner freudigster Überraschung, ganz unerwartet ebenfalls in Bern und ließ sich der Freundin melden. Frau v. Suttner erzählt hierüber:

„,Sie haben mich gerufen', sagte er, ,hier bin ich. Aber sozusagen inkognito. Ich möchte mich nicht am Kongreß beteiligen und keine Bekanntschaften machen, nur etwas

Näheres von der Sache hören. Erzählen Sie, was ist bisher geschehen!"

Wir blieben in lange Unterhaltung vertieft. Alfred Nobel kehrte viel Skepsis hervor, doch er schien begierig, seine Zweifel überwunden zu sehen.

Er verließ Bern noch am selben Abend, doch verabredete er mit mir und meinem Mann, daß wir nach Beendigung des Kongresses nach Zürich kommen sollten, ihn auf zwei Tage zu besuchen."

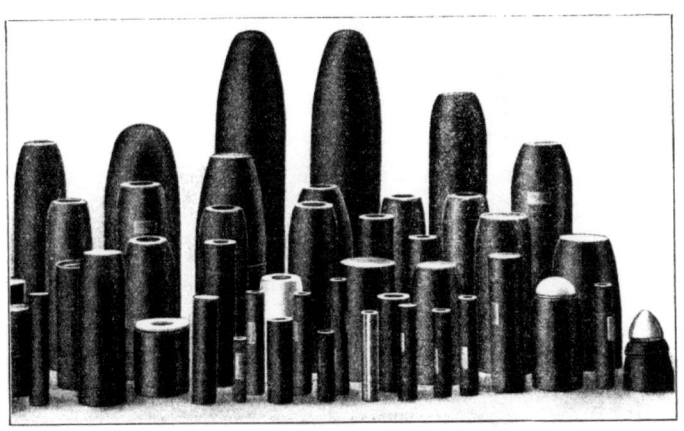

Trinitrotoluol-Sprengladungen in Pappbüchsen

Diese Züricher Zusammenkunft fand denn auch statt, kurz bevor der Berner Kongreß am 29. August geschlossen wurde. Es war das letzte Zusammentreffen Nobels mit seiner so ausnehmend hochgeschätzten Freundin, die sein Denken und Sinnen in so entscheidender Weise beeinflußt hatte. Es waren sowohl für Nobel wie für das Ehepaar Suttner zwei Tage reichster geistiger Anregung. Baronin Suttner erzählt davon in ihren Memoiren:

„Alfred Nobel war uns zur Bahn entgegengekommen ... Er ließ sich alles von den Berner Konferenztagen erzählen. Meldete sich auch als Mitglied der österreichischen Friedensgesellschaft mit einer Spende von 2 000 Franken. Eine gleiche Spende hatte er auch im vorigen Jahre durch mich an das Kongreßkomitee in Rom gesandt.

„Was Sie mir da überreichen und wofür ich Ihnen danke," sagte ich, „geschieht ja mehr aus Liebenswürdigkeit als aus Überzeugung. Sie haben ja noch vor wenigen Tagen in Bern Zweifel an der Sache ausgedrückt ..."

„An der Sache und ihrer Berechtigung – nein, daran zweifle ich nicht, nur daran, ob sie durchgesetzt werden kann – auch weiß ich noch nicht, wie Ihre Vereine und Kongresse das Werk anpacken wollen ..."

„Also wenn Sie wüßten, daß das Werk gut angepackt wird, würden Sie dann mithelfen!"

„Ja, das würde ich. Belehren Sie mich, überzeugen Sie mich, und dann will ich für die Bewegung etwas Großes tun ... Ich liebe nichts so sehr, als mich begeistern zu können, ein Ding, das mir meine Lebenserfahrungen und meine Mitmenschen stark abgeschwächt haben."

Nobel besaß ein kleines Motorboot aus Aluminium, auf dem wir in seiner Gesellschaft köstliche Rundfahrten auf dem See machten – das silberglänzende Fahrzeug schnellte über die Flut, ohne zu schaukeln. Wir saßen zurückgelehnt, in bequemen Bordstühlen mit weichen Plaids bedeckt, ließen das Zauberpanorama der Ufer an uns vorbeigleiten und sprachen über tausend Dinge zwischen Himmel und Erde. Nobel und ich kamen sogar überein, daß wir zusammen ein Buch schreiben würden, ein Kampfbuch gegen alles, was die Welt in Elend und Dummheit hüllt ..."[7]

Seit dieser Begegnung ließ sich Nobel noch genauer als zuvor von seiner Freundin, die er persönlich nicht mehr wiedersehen sollte, über alle Phasen der Friedensbewegung berichten, und diese Belehrungen müssen ihn wohl überzeugt haben, daß sich die Entwicklung aus einem gangbaren Wege vollzog, denn sein Wort: „dann will ich für die Bewegung etwas Großes tun" nahm in seinem Hirn rascher Gestalt an, als er vielleicht selbst zunächst glaubte. Schon wenige Monate nach den Berner und Züricher Tagen, in dem bereits erwähnten Brief vom 7. Januar 1893, findet sich der erste Hinweis auf, den Gedanken, dem später Nobels Testament, in etwas geänderter Form, einen so mächtigen Widerhall in der ganzen Welt verschaffte:

„Ich möchte gern einen Teil meines Vermögens zur Verfügung stellen, damit davon alle fünf Jahre ein Preis verteilt wird (sagen wir insgesamt sechsmal, denn wenn man in 30 Jahren nicht dazu gelangt ist, das gegenwärtige System zu reformieren, wird man in die Barbarei zurücksinken). Dieser Preis würde für denjenigen oder diejenige bestimmt sein, die Europa den größten Schritt zur Verwirklichung der Weltfriedensidee hätte tun lassen."

Hier sehen hier zum ersten Male die Grundidee ausgesprochen, die wenige Jahre später zur Stiftung der fünf verschiedenen Nobelpreise den entscheidenden Anstoß gab.

---

[7] Dies Buch, allerdings von Frau von Suttner allein verfaßt, erschien 1898 unter dem Titel „Schach der Qual".

15. Letzte Lebensjahre und Tod

„Mio Nido" hieß, wie wir hörten, das neue Heim, das Nobel sich in San Remo schuf. Er war, als er auf italienischen Boden übersiedelte, 58 Jahre alt, und man hätte es verstehen können, wenn er sein neues „Nest" zu einem Ruhesitz gestaltet hätte, um nach einem Leben voll Mühe und Arbeit ganz seinem Behagen zu leben und der Verwirklichung seiner Ideale zu dienen. Doch weit gefehlt: im Laboratorium zu Sau Remo arbeitete er genau ebenso weiter, wie er vorher in Paris und in Stockholm gearbeitet hatte. Die weitere Vervollkommnung seiner Sprengstoffe und des rauchlosen Pulvers nahm ihn in Anspruch; dazu kamen Versuche, künstliche Seide und künstlichen Kautschuk herzustellen, und alljährlich konnte er neue Patente von mehr oder minder großer Bedeutung anmelden; wurde ihm doch sein letztes Patent auf eine Verbesserung der Explosivstoffe noch zehn Tage vor seinem Tode erteilt.

Und seltsam: seit er durch Berta von Suttner ein überzeugter Anhänger der Friedensidee geworden war, arbeitete er immer eifriger an der Verbesserung der Kriegsinstrumente. Sein zur Freundin in Zürich gesprochenes Wort: „Meine Fabriken werden vielleicht dein Krieg noch früher ein Ende machen als Ihre Kongresse", war ihm heiliger Ernst; er wollte die Mittel des Krieges so weit vervollkommnen, daß schließlich der Krieg selbst gewissermaßen im eigenen Fett erstickte, weil die Vernichtungswaffen so furchtbar geworden waren, daß niemand mehr wagen durfte, sie im Ernstfall anzuwenden, ohne befürchten zu müssen, daß beide kriegführenden Teile einen Aderlaß bis zur vollständigen Erschöpfung erleiden würden.

So konstruierte Nobel in San Remo Fesselballons und Drachen, die die feindlichen Stellungen aus der Höhe zu photographieren gestatteten; dazu beschäftigte ihn die Aufgabe, mit Hilfe von Raketen photographische Apparate in die Luft zu schleudern, die dann bei langsamem, mit Hilfe eines Fallschirms bewirktem Niederschweben aus einer vorher bestimmten Höhe ebenfalls Aufnahmen von feindlichen Stellungen und Bewegungen liefern sollten. Offenbar trug er sich sogar mit der Idee, die gesamte schwedische Fabrikation von Kriegsmaterial in seiner Hand zu vereinigen. 1894 führte er die vielleicht bedeutsamste geschäftliche Transaktion seines Lebens aus, indem er, zwei Jahre nach der Züricher Unterredung mit Berta von Suttner, die Aktien des Bofors Gullspång-Unternehmens, des „schwedischen Krupp", jener Kanonenfabrik, die Kanonenrohre aus ungeschmiedetem Gußeisen herstellte, in seine Hand brachte. Der Friedensfreund, Dynamit- und Pulverfabrikant, wollte also nunmehr auch ein Kanonen- und Gewehrlieferant werden. Die Homöopathie, die ein Übel durch sich selbst zu bekämpfen trachtet, hat vielleicht nie einen drastischeren Versuch gemacht, als ihn Alfred Nobels Mittel, dem Kriege den Garaus zu machen, darstellte!

Die nunmehrige abermalige Verlegung des Schwerpunktes seiner wirtschaftlichen Interessen auf den schwedischen Heimatsboden ließ Nobel dem Gedanken näher treten, auch seinen Wohnsitz wieder nach Schweden zu verlegen und zwar nach Björneborg bei Bofors, das nordöstlich vom großen Wenersee bei Karlskoga liegt. Nicht nur der Wunsch, der neuerworbenen Fabrik nahe zu sein, nicht nur die Heimatliebe bestimmten ihn dazu, sondern vielleicht auch das Bewußtsein, daß sein einziger noch lebender Verwandter, sein ältester Bruder Robert, den sein Lebensschicksal in Rußland und im Kaukasus, in Finnland und in Schweden mannigfach herumgeführt hatte, zu Geta in Östergötland ansässig war. Freilich starb Robert Nobel noch vor Alfred, bevor dieser seinen Entschluß, nach Schweden überzusiedeln, endgültig ausführen konnte, am 7. August 1896.

Immerhin weilte Nobel zwischen 1894 und 1896 in Bofors fast ebenso häufig wie in San Remo. Seine erfinderischen und philosophisch-humanitären Ideen schienen einen immer gewaltigeren Aufschwung nehmen zu wollen. In Björneborg ließ er sich ein neues Laboratorium bauen, das viel großartiger angelegt war, als seine älteren Arbeitsstätten in Paris und Sam Remo; er stellte auch sechs Assistenten für seine neugeplanten Arbeiten an, die sich anscheinend zuweist auf dem Gebiet der Elektrotechnik bewegen sollten.

Die Übersiedlung verzögerte sich jedoch, da Nobel 1896 verschiedentlich von Krankheit heimgesucht wurde, die ihn auch seinem geliebten Laboratorium fernzubleiben zwang. Er war schwer herzleidend und hatte jetzt so sehr unter Störungen der Herztätigkeit zu leiden, daß er sich sogar in ärztliche Behandlung begab, gegen die er zeitlebens, trotz seiner im Testament betätigten Begeisterung für medizinisches Forschen, einen ausgesprochenen Widerwillen an den Tag gelegt hatte. Einen tiefen Eindruck machte es auf ihn, als ihm zur Linderung seiner Herzbeschwerden vom Arzte das bewährte Medikament Angioneurosin verschrieben wurde, dessen wesentlichster Bestandteil – Nitroglyzerin ist! Er wußte genau, daß er schwer krank war, wenn auch seine umfangreichen Vorarbeiten in Bosors darauf schließen ließen, daß er an ein baldiges Ende nicht glaubte. Wie es bei einem Manne seines Charakters selbstverständlich ist, betrachtete er sein Leiden und die Möglichkeit eines baldigen Todes mit Gleichmut, während seine Begeisterung nach wie vor seinen Idealen gehörte. Bezeichnend dafür ist der letzte Brief, den er am 21. November 1896 ans Paris in französischer Sprache an seine Freundin Suttner richtete:

„Verehrte Baronin und Freundin! Bei gutem Befinden – nein, das bin ich, unglücklicherweise für mich, nicht, ja, ich befrage sogar Ärzte um Rat, was nicht nur gegen meine Gewohnheiten, sondern auch gegen meine Grundsätze verstößt. Ein Herz im figürlichen Sinne habe ich nicht, aber ein körperliches Organ dieser Art habe ich, und das fühle ich immer wieder. – Doch genug von mir und meinem kleinen Leiden. Ich bin entzückt wahrzunehmen, daß die Friedensbewegung an Boden gewinnt – dank der Zivilisation der Massen und besonders dank den Finsternis- und Vorurteilsbekämpfern, unter denen Sie einen hervorragenden Rang einnehmen. Das sind Ihre Adelstitel.

Herzlichst

Ihr A. Nobel."

Seeminen-Kammern mit Zündladungsbüchsen

Nur wenige Wochen später führte das kranke Herz den Tod des großen Mannes herbei. Das Ende ereilte ihn in der für ihn allein würdigen Weise. Wie den alten Helden der Schlachtentod, wie dem Seemann der Untergang im Meere am willkommensten und ehrenvollsten war, so mochte auch Nobel sich kein schöneres Ende wünschen als ein plötzliches Dahinscheiden inmitten seiner Arbeit, und diese Gunst gewährte ihm der Himmel. Am 10. Dezember 1896 fand man ihn in seinem Laboratorium zu San Remo tot auf; ein Herzkrampf hatte ihn, den menschenscheuen Fanatiker der Arbeit, plötzlich dahingerafft – einsam, ohne Zeugen, am Arbeitstisch, ohne jede Bettlägerigkeit. Ein schönes, würdiges, der Persönlichkeit voll angepaßtes Ende dieses reichgesegneten und doch so freudearmen Lebens.

16. Das Testament

Die Nachrufe für den Dahingegangenen waren in allen Kulturländern gleichmäßig in Tönen hoher Anerkennung und Bewunderung gehalten. Aber die Stimmen, die sich mit seiner Persönlichkeit beschäftigten, verstummten nicht wenige Wochen oder Tage nach dem Tode, wie es sonst die Regel ist, sondern, ganz im Gegensatz zu andren Todesfällen großer Geistesheroen, fing einige Zeit nach Nobels Ableben die gesamte Kulturwelt erst recht an, dem Erfinder des Dynamits ihre Aufmerksamkeit in umfassendster Weise zu widmen.

Nobels Leichnam war von San Remo nach Stockholm überführt worden, um hier, in der Vaterstadt des Dahingegangenen, am 29. Dezember, dem ausdrücklichen Willen des Verstorbenen gemäß, durch Feuer bestattet zu werden, während die Asche im Erbbegräbnis der Familie Nobel auf dem Stockholmer Nordkirchhof beigesetzt werden sollte. Kaum aber waren Nobels Überreste zur letzten Ruhe gebettet morden, da ging eine Nachricht durch die Welt, wie sie noch nie zuvor gehört worden war, die Kunde vom Inhalt des Nobelschen Testamentes.

Das hinterlassene Vermögen Nobels betrug bei seinem Tode ungefähr 36 Mill. schwedische Kronen (= 40 Millionen Mark). Davon fielen den noch lebenden Seitenverwandten einige Legate im Gesamtbetrage von etwa 1 Million zu; die nächsten Verwandten, vor allem das nunmehrige Haupt der Familie, Emanuel Nobel in Petersburg, Ludwig Nobels Sohn, lebten in so guten Verhältnissen, daß sie auf eine Erbschaft ohnehin nicht angewiesen waren. So war denn Alfred Nobel in der angenehmen Lage, über fast sein ganzes riesiges Vermögen nach Gefallen verfügen zu können, ohne daß er damit irgendwelche Pflichten gegen einzelne Personen verletzte. In welcher Weise er sein Vermögen nach seinem Tode glaubte nutzbringend, im Interesse seiner Ideale, verwenden zu können, das hatte, freilich noch in verschleierter Form, sein Brief an Frau v. Suttner vom 7. Januar 1893 angedeutet. Zu welcher umfassenden Gestalt, zu welcher überragenden Bedeutung aber der leitende Gedanke darin schließlich herausgearbeitet war, das zeigte erst das Testament, das der Welt als Neujahrsüberraschung zu Neujahr 1897 bekanntgegeben wurde.

Das Nobelsche Testament ist in schwedischer Sprache abgefaßt und am 27. November 1895 in Paris vom Testator eigenhändig niedergeschrieben worden. Es ist ein Kulturdokument allerersten Ranges und zweifellos unter den Testamenten nicht-politischen Charakters das bedeutendste und originellste aller Zeiten. Wie alle von Nobels Hand verfaßten Schriftstücke zeichnet es sich durch eine kristallklare Fassung der Gedanken und durch eine geradezu klassische Kürze aus. Es dürfte nicht viele Dokumente geben, die mit so wenig Worten einen so gewaltigen kulturellen Einfluß ausgeübt haben wie das Testament Alfred Nobels. Aus dem Schwedischen ins- Deutsche übertragen, lautet der Inhalt des Schriftstücks in seinen wichtigsten Teilen folgendermaßen:

„ ... Der Rest meines verfügbaren Vermögens soll, wie folgt, verwendet werden: Das Kapital soll durch meine Testamentsvollstrecker in sicheren Wertpapieren angelegt werden und einen Fond bilden, dessen Zinsen alljährlich verteilt werden sollen, um solche Arbeiten zu belohnen, die im Lauf des verflossenen Jahres für die Menschheit die nützlichsten gewesen sind: Diese Zinsen sind in fünf gleiche Teile zu teilen, die zufallen sollen:

ein Teil dem, der aus physikalischem Gebiet die wichtigste Entdeckung oder Erfindung gemacht hat;

ein Teil dem, der die wichtigste chemische Entdeckung oder Verbesserung gemacht hat;

ein Teil dem, der auf physiologischem oder medizinischem Gebiet die wichtigste Entdeckung gemacht hat;

ein Teil dem, der in der Literatur das Bemerkenswerteste in idealem Sinne geschaffen hat;

ein Teil dem, der am meisten oder am erfolgreichsten an der Verbrüderung der Völker, an der Beseitigung oder Verminderung der stehenden Heere und an der Ausbildung und Verbreitung der Friedenskongresse gearbeitet hat.

Die Preise für Physik und Chemie werden durch die schwedische Akademie der Wissenschaften anerkannt, für physiologische oder medizinische Arbeiten durch das Karolinische Institut in Stockholm, für Literatur durch die Akademie in Stockholm, für die Friedenswerke durch einen aus 5 Personen bestehenden Ausschuß, der vom norwegischen Storthing[8] gewählt wird.

Es ist mein ausdrücklicher Wille, daß bei der Zuerteilung der Preise keine Rücksicht auf die nationale Zugehörigkeit genommen wird, so daß also der Preis dem Würdigsten zugesprochen wird, gleichviel ob er Skandinavier ist oder nicht."

---

[8] Das norwegische Parlament. – Anm. Lektorat.

Das Nobelsche Testament ist viel und zum Teil gewiß mit Recht kritisiert worden. Man beanstandete, daß der Testator nur die ihm zunächst liegenden Wissenschaften und Künste, Chemie, Physik, Medizin und Literatur, berücksichtigt, daß er alle sonstigen Natur- und Geisteswissenschaften, alle technischen Wissenschaften und übrigen Künste vernachlässigt habe; man hat weiter ausgesetzt, daß die Zinsen des Vermögens überwiegend nur solchen Leuten zufallen würden, die schon erfolgsgekrönt, allgemein anerkannt und demgemäß auch pekuniär nicht ungünstig gestellt seien, man hätte es lieber gesehen, wenn statt der fünf außerordentlich hohen Preise eine sehr große Anzahl von kleineren Preisen geschaffen worden wären, um Aufsteigern und verkannten Geistes den schweren Kampf ums Dasein zu erleichtern; aber eine solche Kritik ist ungerecht, denn wie immer auch Nobel sein Testament abgefaßt hätte, Vorschläge, wie das 36 Millionen-Vermögen noch nutzbringender für die Allgemeinheit hätte verwendet werden können, wären unter keinen Umständen vermieden worden. Wenn aber im übrigen jedem Testator das Recht zusteht, nach Erfüllung aller gesetzlichen Vorschriften völlig frei, nach seinem Geschmack, über seinen Nachlaß zu bestimmen, so muß man einem Mann, der ohnehin ein Riesenvermögen der Allgemeinheit zur Förderung kultureller Zwecke schenkte, das Recht zubilligen, frei von jeder Kritik, die Bedingungen der Verwendung ganz nach seinem persönlichen Geschmack vorschreiben zu können. Im allgemeinen muß man denn auch anerkennen, daß alle beteiligten Kreise bemüht gewesen sind, Alfred Nobels letzten Willen mit größter Pietät zu erfüllen und zu respektieren. Selbst diejenigen, die Kritik üben zu müssen glaubten, die Nobels Ideale, vor allem sein Eintreten für den Weltfrieden als eine bedenkliche und phantastische Verirrung ansprachen, verstummten vor dem erhabenen Grundgedanken, vor dem idealen Wollen, wie sie in dem Testament zu erkennen waren, und erkannten rückhaltlos die geistige Größe des Erblassers an. Vor allem aber triumphierten die Friedensfreunde, die eine so großzügige und wirksame Förderung ihrer Ideen durch einen einzelnen Mann sich kaum jemals hatten träumen lassen, vor allem auch deshalb, weil nun alljährlich, beim Verteilen des Nobel-Friedenspreises, die Welt aufs neue auf das Vorhandensein der Friedensbewegung aufmerksam werden mußte. So konnte denn ein Anhänger der Friedensidee, der bekannte Wiener Ethiker Moritz Adler, nach Bekanntwerden des Nobelschen Testaments an die geistige Urheberin des Friedenspreises, an Berta v. Suttner, folgenden Glückwunsch richten: „Gestatten Sie mir, Sie aus vollem Herzen zu der Neujahrsfreude zu beglückwünschen, welche die herrliche Nobelsche Stiftung Ihnen gewähren muß. ... Millionen werden dereinst in lichteren Tagen des Lebens und der Gesundheit sich erfreuen und unter Tausenden wird vielleicht kaum einer ahnen, daß er nur Nobel es schuldet, kein Krüppel und kein Spitalskandidat zu sein. Hätte man es für möglich gehalten, daß der Mammon, der aus Dynamit entsprungene Mammon, so geadelt werden kann? Ich bin glücklich, diesen Tag erlebt zu haben; es war die edelste Freude meines ganzen Lebens"

Es hat volle fünf Jahre gedauert, bis die Nobel-Preise zum ersten Male verteilt werden konnten. Schuld daran war die Tatsache, daß von einigen entfernten Verwandten Nobels, die gern ein paar Millionen mehr für sich erhaschen wollten, obwohl sie bei Lebzeiten mit dem Verstorbenen kaum irgendwelche Beziehungen unterhalten und kein andres Verdienst hatten, als daß sie zufällig derselben Familie angehörten, Einspruch gegen die Gültigkeit des Testaments erhoben wurde. Der nächste Verwandte des Toten, sein Neffe Emanuel Nobel, der, nach Frau v. Suttners Zeugnis, dem Oheim sowohl im Äußeren wie im Adel der Gesinnung, im Ernst der Lebensauffassung und in der Großzügigkeit der Ideen ähnelte, schloß sich dem Protest einiger habsüchtiger Familienmitglieder ausdrücklich nicht an und erklärte pietätvoll, den letzten Willen des Verstorbenen unbedingt zu ehren. Dennoch machte der erhobene Einspruch eine langwierige und ungemein komplizierte gerichtliche Klarstellung notwendig, die umso schwieriger war, als es zunächst durchaus nicht feststand, ob schwedische, französische oder italienische Gerichte zur Entscheidung der Frage kompetent waren, und weil Nobels Vermögen in den Fabriken von 8 verschiedenen Ländern angelegt war.

Die Einzelheiten des sehr unergründlichen Prozesses sollen hier nicht erörtert werden. Es genüge die Mitteilung, daß schließlich die Gültigkeit des Nobelschen Testaments in vollem Umfang anerkannt wurde und daß seit dem Beginn des neuen Jahrhunderts, seit 1901, alljährlich am Todestage des Stifters, am 10. Dezember, die Nobelpreise, im Betrage von je 135–160 000 Fr. (die Summe schwankt von Jahr zu Jahr etwas) unter großen Feierlichkeiten, meist im Beisein des schwedischen Königs und der Mehrzahl der Preisträger, zur Verteilung gelangen.

Statue zum Andenken an Alfred Nobel
(Sieg der Technik über die Naturgewalt),
in der Fabrik Krümmel